Gender Equality and Green Development

Opportunities and Challenges for Women in Science and Technology

性别平等与绿色发展

科技女性面临的机遇与挑战

女性与科技发展研究课题组◎编著

科学出版社

北京

图书在版编目(CIP)数据

性别平等与绿色发展：科技女性面临的机遇与挑战 / 女性与科技发展研究课题组编著.—北京：科学出版社，2017.7

ISBN 978-7-03-053507-8

Ⅰ. ①性… Ⅱ. ①女… Ⅲ. ①男女平等-关系-技术-革新-研究 Ⅳ. ①D440②F062.4

中国版本图书馆 CIP 数据核字（2017）第 136376 号

责任编辑：侯俊琳 朱萍萍 / 责任校对：何艳萍

责任印制：赵 博 / 封面设计：有道文化

编辑部电话：010-6403 5853

E-mail：houjunlin@mail.sciencep.com

科学出版社 出版

北京东黄城根北街 16 号

邮政编码：100717

http://www.sciencep.com

涿州市般润文化传播有限公司印刷

科学出版社发行 各地新华书店经销

*

2017 年 7 月第 一 版 开本：720 × 1000 1/16

2024 年 9 月第四次印刷 印张：6

字数：100 000

定价：78.00 元

（如有印装质量问题，我社负责调换）

专家组

联合主席

方　新　Mohammed Hassan

专家组成员

Kaiser Jamil	印　度	Rokhsana Abdul Raman	也　门
Ahbor Dolly A.Ighoroje	尼日利亚	Sudha Nair	印　度
Samira Omar	科威特	Miriam Diaz	委内瑞拉
Farida Habib Shah	马来西亚	Sophia Huyer	加拿大
Mayra de la Torre	墨西哥	阎锡蕴	中　国
Esi Awuah	加　纳	张林秀	中　国

项目组成员

赵兰香　秦佩恒　章梅芳　李乐旋　万劲波　王　芳　温　珂　林　慧

致　谢

项目组首先感谢发展中国家科学院（TWAS）前执行主任 Mohammed Hassan 教授和现执行主任 Romain Murenzi 教授对本项目的认可和支持。

项目组感谢发展中国家妇女科学组织（OWSD）主席方新教授组织本项目的开展。正是在她的指导下，本项目才得以顺利完成。

项目组感谢 OWSD 执行委员会成员为本书提供的共享信息、指导和建议，她们是 Kaiser Jamil 教授（印度）、Ahbor Dolly A.Ighoroje 教授（尼日利亚）、Samira Omar 博士（科威特）、Farida Habib Shah 博士（马来西亚）、Mayra de la Torre 教授（墨西哥）、Esi Awuah 教授（加纳）、Rokhsana Abdul Raman 教授（也门）、Sudha Nair 博士（印度）、Miriam Diaz 教授（委内瑞拉）。尤其感谢印度 Kaiser Jamil 教授为本书提出的很多有价值的观点和建议、Samira Omar 教授和 Rokhsana Abdul Raman 教授为本书提供的研究资料和政策建议。特别感谢 Ahbor Dolly A.Ighoroje 教授针对尼日利亚开展的调查和研究工作，她的工作使书的内容更加翔实。

项目组感谢中国科学院生物物理研究所阎锡蕴院士和中国科学院地理科学与资源研究所张林秀研究员为本书的起草和修改提供的宝贵信息和建议。同时也感谢中国科学院国际合作局傅淑琴老师对本项目自始至终的关心和支持。

特别感谢索菲亚（Sophia Huyer）博士（加拿大）对本书的稿件进行修订和润色，并对她认真细致的工作表示由衷地赞赏。

项目组还要感谢 OWSD 秘书处对本项目提供的帮助。

最后，衷心感谢中国科学院国际合作局提供的经费支持，以及在项目进展过程中一直给予的很多帮助。

前 言

当今世界，经济发展与资源环境之间的矛盾日益突出，各国政府只有把绿色增长作为发展的核心，才有可能实现可持续的经济增长。与此同时，科学技术在环境、社会和经济的可持续发展方面的作用更加凸显，成为绿色发展的重要驱动力。女性在引导科技走向绿色发展方面具有巨大的潜力。国际社会越来越深刻地认识到：绿色发展需要女性，只有女性充分参与，才能实现真正的绿色发展。尤其是对于那些缺少科技人才的发展中国家而言，女性的平等参与对于绿色发展显得更加重要。

实现绿色发展依赖于科技创新尤其是绿色科技产业的推进，然而世界上大多数发展中国家的女性在绿色科技领域仍存在相对缺席的现象。特别是在有望在绿色发展中做出重要贡献的信息技术、能源技术、环保技术等领域的女性比例依然偏低。在此背景下，OWSD 有责任鼓励女科学家将机会均等带进各自国家的绿色发展进程，促进发展中国家女性更好地参与绿色发展。

正是出于当前迫切的需求，OWSD 主席方新教授与 OWSD 执行委员会成员一起，在中国科学院国际合作局的资助下，组织开展了此项研究工作。项目组的研究人员来自于中国科学院科技战略咨询研究院、北京科技大学和中华女子学院。本书系统地分析了女性参与以新兴技术为引导的绿色发展中所面临的挑战和机遇，尤其关注发展中国家所面临的特殊问题，在此基础上对发展中国家政府提出政策建议，同时对 OWSD 未来行动的重点提出建议。

本书作者呼吁发展中国家政府应该立即采取积极有效的措施促进女

性参与绿色发展，这些建议措施主要包括：将性别平等纳入国家绿色发展战略；促进绿色技术的转移和运用；加强对女性的绿色科技教育、技术培训和就业指导；鼓励更多女性进入政界、学术界和企业决策层；加强有效支持参与绿色发展的能力建设；构建积极的性别文化。同时提出，OWSD 未来行动的重点应该转向对发展中国家女孩的科学教育的支持上，为她们树立可供模仿的角色模式；同时应该加强对发展中国家儿童和青少年进行环境保护、生态友好技术的宣传和教育，提高下一代的环境意识。

赵兰香

2017 年 5 月 30 日

摘 要

进入 21 世纪后，人类要求环境非下降的经济增长的声音越来越强烈。2012 年 6 月，联合国可持续发展大会“里约 + 20”召开，在国际社会掀起了新一轮的绿色浪潮。绿色发展中的性别平等问题也再次引发国际社会的高度关注。

实现绿色发展依赖于科技创新尤其是绿色科技产业的推进，然而不可否认的是，世界上大多数国家的女性在绿色科技领域仍存在相对缺席的现象。有望在将来的绿色发展中做出重要贡献的信息技术、能源技术、环保技术等领域的女性从业人员比例依然偏低，这直接影响到女性作为科技专家参与技术创新进而推动绿色发展的进程。本书系统地认识了女性与绿色发展的深层联系以及她们所面临的机遇和挑战，重点解决了推动女性科学家更好地参与以新兴技术为引导的绿色发展浪潮的问题。

本书第 1 章介绍了绿色发展、新兴技术与性别平等的深层联系。我们认为，绿色发展、科技进步与性别平等三者之间是“三螺旋”模式，存在着相互依存、互利互惠、共同发展的关系。绿色发展需要女性，新兴技术只有更多考虑女性的诉求才能真正实现绿色发展。

第 2 章重点介绍了绿色发展对社会性别结构产生的影响。现代科技的发展弱化了职业的性别要求，新技术带来灵活多样的就业形式，这些极大地改变了传统的性别分工模式，使女性能够以崭新的面貌参与绿色发展。

第 3 章以丰富、翔实的案例详细介绍了女性作为消费者、从业者和决策者在绿色发展中所发挥的独特作用和所具有的优势。作为消费者，她们影响着绿色发展的轨迹；作为从业者，她们直接在绿色发展 / 绿色经济中做出突出贡献；作为决策者，她们推动了绿色技术的广泛传播。

第 4 章系统分析了女性在以新兴技术为引领的绿色发展中所面临的巨大挑战，尤其重点关注发展中国家所面临的特殊挑战。一方面，新兴技术的发展给环境、女性和社会性别关系带来了更多的不确定性。另一方面，女性在绿色发展和新兴技术领域面临的旧有障碍依然存在，包括传统性别文化观念和性别分工模式、教育水平的性别差距、职业生涯中的性别分层、政策制定和实施过程中的性别盲视等，这些制约因素往往形成循环强化的作用，使得女性在绿色发展和新兴技术领域发挥优势、获得平等地位所面临的挑战更大。并且对于发展中国家而言，一方面，社会性别主流化尚未实现制度化；另一方面，工业化过程和绿色化过程要同步发展；这些因素使得它们在推进绿色发展和科技领域的性别平等方面的任务更艰巨，挑战也更严峻。

第 5 章首先回顾了国际社会最具影响力的行动倡议和有关组织出台的最新政策建议。随后介绍了国际社会（包括国际组织和主权国家）在推动女性参与科技发展和绿色经济所采取的良好实践。这些实践包括：构建性别平等的文化模式、扫除科技教育领域的性别障碍、支持女性绿色科技职业发展，成功地将性别主流化纳入国家政策和项目中，等等。

在以上分析的基础上，本书主要提出了以下建议：

（一）国家层面的建议

1. 推动社会性别主流化，促进科技女性参与绿色发展进程

具体包括：在科技政策和创新政策中纳入性别维度；建立

政策评价的性别视角；增加女性在决策层中的参与力度。

2. 推进机制改革，提升支持女性参与绿色发展的效率

具体包括两个根本的转变：①从支持“个体”向支持“机构”转变；②从支持“单个项目”向支持“体系建设”转变。

3. 培育女性能力，提升女性在绿色发展中的参与水平

具体包括：培养女性领导力；提供绿色科技教育；提供绿色科技专业技能培训。

4. 加强发达国家与发展中国家互动，促进共同发展

在国际技术转移、技术交流和研发学习等方面为女性参与全球绿色发展提供更好的平台。

（二）OWSD 未来行动重点

1. 成立“Women in STI”专门小组

建议在 OWSD 现有组织框架下成立“科技创新中的女性”（Women in STI）专门小组。该小组的职能包括为女孩树立可供模仿的“角色典范”（role model），开展“性别与科技”的专题研究，并借助媒体凸显女性科技人员在绿色发展方面的杰出贡献与引领作用。

2. 倡导“绿色发展中的下一代”行动计划

建议 OWSD 倡导“绿色发展中的下一代”（Next Generation in Green Development）行动计划，继续加强对发展中国家女孩科学教育的支持，重点对发展中国家儿童和青少年进行环境保护、生态友好技术的宣传和教育，提高下一代的环境保护意识。

3. 加强与各国妇女组织的网络联系

建议 OWSD 继续加强与各国妇女组织建立网络联系，推动各国政府与 OWSD 密切合作，可以考虑与各国政府建立“女性与绿色发展”专项合作基金，鼓励发展中国家女性科技人员从事信息技术、新能源技术、生物技术和环保技术等绿色科技的交流和合作。

目　录

#1

引 言

1.1 为什么是绿色？为什么是现在？

面向未来发展，应对现代化进程、气候变化问题、环境压力及能源枯竭问题，是世界各国面临的共同挑战。妥善处理经济发展、社会进步与资源能源、生态环境、气候变化的关系，是事关世界各国经济社会发展和人民福祉的重大问题。

制定绿色发展的战略目标成为面向未来发展的紧迫任务。过去 250 年工业化的发展，只解决了不到 10 亿人口的现代化问题。这些人口主要集中在欧洲、北美、日本和新加坡。今后 50 年，包括中国十几亿人口在内的至少 20 亿～30 亿人口将走向现代化，是过去 250 年的 2～3 倍。这一过程为世界发展注入了新的动力和活力，但也必然对地球的有限资源和生态环境带来新的挑战。

随着越来越多的人参与到现代化进程中，全球贸易飞速发展，资源环境限制正变得越来越明显。到 2050 年，既要满足 90 亿人对水、能源、材料、食品日益增长的需求，又要减少对环境和气候变化造成影响，并确保他们有干净和健康的生活环境，这无疑是世界范围内的一项重大挑战。

近年来，世界各国越来越关注温室气体的排放问题，应对全球气候变化成为重要议题。这背后其实主要还是能源结构问题。这就使我们认识到，必须高效、清洁地利用化石能源，以减少对环境的影响。但是，化石能源时代终究要过去。悲观估计化石能源时代还有约 100 年，乐观估计还有200年左右。油气资源可能首先逐步走向枯竭，然后是煤资源，人类不得不走向以可再生能源为主体、核能为补充的能源体系。现在，各国政府都在积极准备应对这一挑战。

环境挑战对于欠发达国家更加严峻，因为这些国家的发展对环境挑战更敏感。它们的发展多属于自然资源依赖型经济，依靠粗放使用自然资源促进发展，引发的人口、污染问题都与贫困直接相关。目前，发展中国家有 10 多亿人缺少清洁用水，20 多亿人缺乏基本的卫生条件，每年有 500 万～ 600 万人死于痢疾等由水传染引起的疾病和空气污染引起的疾病，且其中多数为儿童[1]。因此，我们需要采取紧迫行动，以创建一个显著减少温室气体排放、保护自然资源并实现未来增长的新经济发展模式[2]。

各国政府只有把绿色增长作为发展的核心，才有可能实现可持续的经济增长和社会稳定，并为子孙后代节约资源、保护环境[3]。相对于经济发展的传统模式，绿色发展强调不同国家之间人口、资源、环境、经济的互相关联（框 1-1）。整个世界需要作为一个整体，共同面对气候变

框 1-1　绿色发展的定义

绿色发展强调将生态维度纳入经济增长和社会进步的内涵之中。绿色广义上涵盖资源节约、低碳、生态环保、人与自然和谐等内涵；狭义上一般表示生态环保的内涵。

依据联合国环境规划署（UNEP）的定义：绿色经济是促成提高人类福祉和社会公平，同时显著降低环境风险和生态稀缺的经济，是一种低碳、资源高效型和社会包容型经济。依据经济合作与发展组织（OECD）的定义：绿色增长是指在确保自然资产能够继续为人类幸福提供各种资源和环境服务的同时，促进经济增长和发展[4]。绿色发展既关注人们的需求和预期，又顾及环境，是兼顾包容型增长和可持续发展的正确道路。

化和全球环境问题，好坏共担。因此，虽然各国发展阶段不同，但在绿色发展、节能减排、低碳经济和生态文明建设等方面存在利益契合点，相互借鉴、合作推进绿色发展，正成为全球可持续发展实践的新趋势。

1.2 为什么从性别平等的角度关注绿色发展?

2008 年世界金融危机爆发，可持续发展的理念进一步得到深化，倡导经济发展与环境保护共赢的“绿色经济”应运而生。在《绿色经济报告概述》(*Green Economy Report: A Preview*)[5]中，联合国环境规划署把“绿色经济”定义为“一种能够长期提升人类福祉、减少社会不公，同时又不危及子孙后代对环境和生态资源的需求”的经济。这表明，社会公正是绿色经济的价值追求之一。笔者认为，绿色发展包括实现性别、阶层、民族、地区等方面的公平与正义。女性占全球总人口的一半，在“以人为本”和绿色发展的框架下，关注女性发展和性别平等是绿色经济的应有之义。

绿色发展需要女性，尤其是女性科技人员的参与。促进女性作为绿色技术研发者、宣传者、消费者对科技和生态环境产生积极作用，并形成有效的促进女性参与绿色科技的长效机制，是实现绿色发展的重要条件。在全球倡导绿色发展的大背景下，科学技术在环境、社会和经济的可持续发展方面的作用更加凸显，成为绿色发展的重要驱动力。女性在引导科技促进绿色发展方面具有巨大的潜力。尤其是对于那些缺少科技人才的国家而言，女性的平等参与对于绿色发展显得尤为重要。

与此同时，新兴技术只有更多考虑女性的诉求才能真正实现绿色发展。因为新兴技术的发展模式不仅会影响到女性自身，更会影响到整个社会的公平正义，以及人类的生存、繁衍和可持续发展。

1.3 为什么编写本书?

1.3.1 国际社会的高度关注

进入 21 世纪后，确保经济增长不以牺牲生态环境为代价的声音越来越强烈。联合国环境规划署于 2008 年发布《全球绿色新政》(*Global Green New Deal*) 报告，紧接着又于 2011 年发布《迈向绿色经济》(*Towards Green Growth*) 研究报告。这些报告开始理性思考绿色经济的重要性。2012 年 6 月，联合国可持续发展大会“里约 +20”召开，呼吁经济范式变革，提出了“绿色经济”新理念，引起全世界的广泛关注，在国际社会掀起了新一轮的绿色浪潮。与以往单纯的环境保护主义的浪潮不同，这一次的绿色浪潮具有强烈的经济变革意义。新倡导的绿色经济被确切定义为“在可持续发展和消除贫困框架下发展绿色经济”，具有更广泛的内涵，包括经济高效、社会包容等要素。相对于以往不涉及经济模式变革的浅绿色改进，这是一种深绿色的变革。

绿色发展中的性别平等问题也再次引发国际社会的高度关注。2011 年 3 月，联合国妇女地位委员会召集专家小组再次审视“性别平等与可持续发展”这一议题，尤其关注女性在绿色经济发展中的重要作用。在 2012 年“里约 +20”联合国可持续发展大会上，来自各国的近 10 位女性国家元首和政府首脑在“里约 +20”峰会共同发出呼吁，要求将“性别平等”和“增强妇女权利”纳入现有可持续发展的框架。世界银行(World Bank) 2012 年世界发展报告主题即为“性别平等与发展”，强调性别平等对于经济发展的重要作用[6]。OECD 在 2012 年的一份报告《为我们期望的未来实现包容性绿色增长》(*Inclusive Green Growth: For the Future We Want*) 中，明确提出“将性别问题纳入《绿色增长战略》

（Green Growth Strategy）之中对于解决发展中国家的营养不良和食品安全尤为重要”；“女性在减贫、降低儿童营养不良发生率和增加农业产量方面发挥着重要作用”[7]。可见，性别平等已成为绿色增长战略不可或缺的组成部分。

1.3.2 绿色科技发展领域女性相对缺席

不可否认的是，对于大多数发展中国家而言，人们对于“绿色发展”和“绿色经济”的认识仍停留在初级阶段。项目组 2013 年对尼日利亚的调查显示，政界、企业界、教育界和科技界人士均对“绿色发展”一词较熟悉，但真正理解“绿色发展”内涵的比例并不高（图 1-1）。“绿色发展”的内涵包括性别平等，其是绿色发展的价值追求之一，但这一点并未被广泛认知。

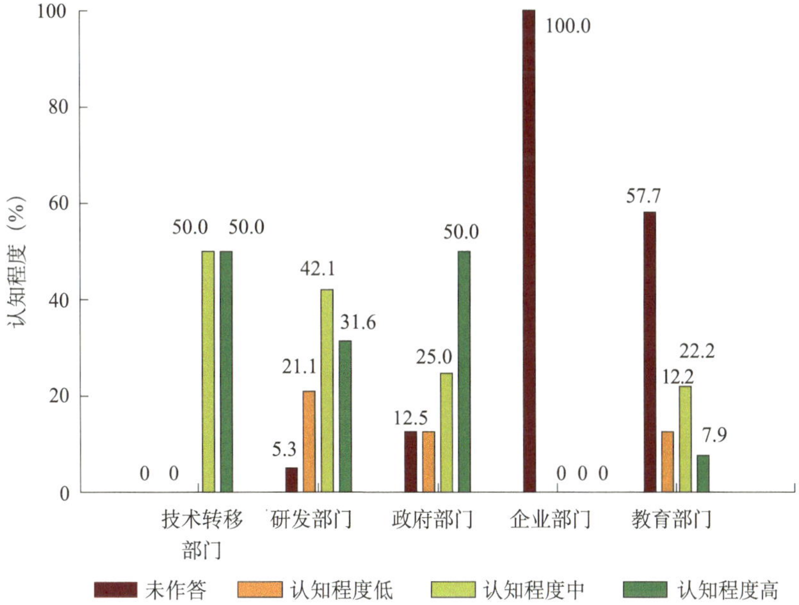

图 1-1　尼日利亚社会各界对“绿色发展”概念的认知程度

数据来源：2013 年项目组展开的尼日利亚调查数据

实现绿色发展依赖于科技创新尤其是绿色科技产业的推进，而世界上大多数发展中国家的女性在绿色科技领域仍存在相对缺席的现象。特别是在绿色发展所需要的新兴技术领域，如信息技术、能源技术、环保技术等领域的参与比例很低。在尼日利亚，虽然政界、教育界、研发部门、技术转移部门和企业界的女性分别以自己的方式投身于科技领域，然而她们在新兴技术领域的参与程度却并不高。据尼日利亚2013年的调查统计显示，政府部门、教育部门、研发部门、技术转移部门和企业部门的女性高度参与新兴技术领域的比例分别仅为1.5%、15.6%、0.8%、0.8%、18.3%（图1-2）。

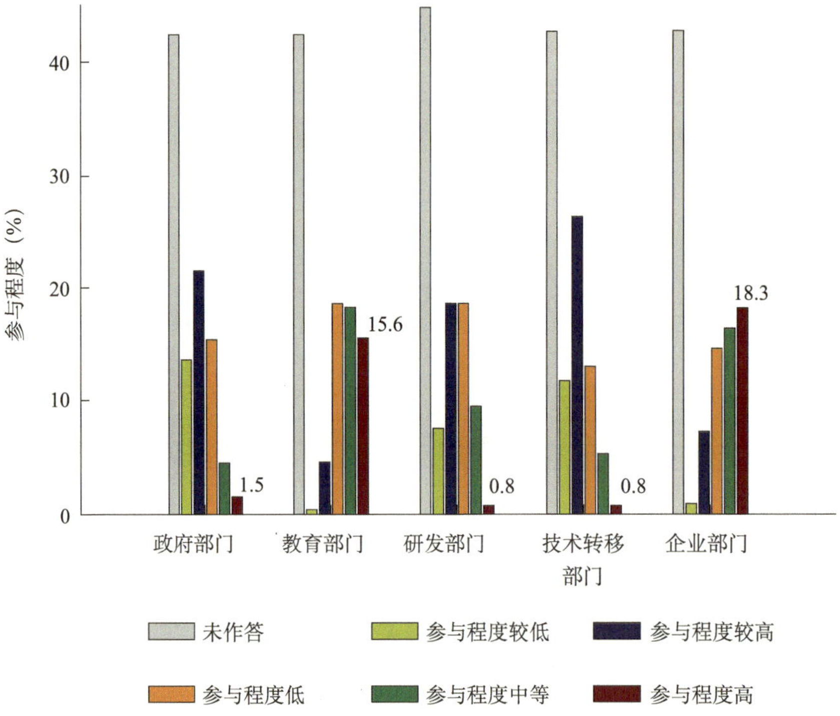

图1-2 尼日利亚社会各界女性在新兴技术领域的参与程度

数据来源：2013年项目组展开的尼日利亚调查数据

1.3.3 OWSD 的使命

女性是绿色发展中一支不可低估的力量。女性有能力也有意愿在科技界取得成功，但是男性甚至女性自身往往低估了女性参与科技的价值和能力，导致许多女性丧失了相关的教育、就业机会。许多女性的科技活动受到了歧视与偏见的束缚，不得不最终放弃从事科学事业。“性别社会化”客观存在。例如，男性特质强调独立、占用和掌控的男子气概，女性特质则强调依恋、同情和关怀的女性情怀。这些特质使得女性和男性以不同的方式看待绿色发展和气候变化等环境社会问题。女性更关注下一代的健康成长和环境恶化的潜在严重影响，如粮食和能源安全、环境和气候变化，更好的医疗服务、饮用水和食品安全等。因此，当科学家或决策者和公众就环境与发展问题进行交流时，应把性别因素考虑进去。促进女性在绿色发展领域发挥科技潜力，不仅符合现代社会的价值观和期望，是社会进步的内容和标志，还能提高国家的综合竞争力。

OWSD 在如何促进发展中国家的科技女性更好地投身于科技事业方面发挥引领作用，有责任鼓励女科学家将机会均等带进各自国家的绿色发展进程。随着绿色发展模式从国家层面向地区、城市和社区层面延伸，绿色创新也在地区、城市和社区层面展开。如欧盟通过汇集能源、交通、信息通信技术（ICT）的研发资源，促进新技术在城市和社区层面进行合作开发和示范应用。OWSD 将配合那些促进性别平等的国家开展具体行动，进一步提高决策层的性别意识，促进世界上的发展中国家和发达国家向性别平等的目标前进；促进来自发展中国家和发达国家的女科学家相互学习并分享绿色发展科学中与性别有关的相同挑战和经验，改变社会对“女性参与科学”过时的刻板印象；汇集“角色典范”，向女青年和妇女展示科学魅力并向她们提供参与绿色发展的机会，促进绿色科技研究更均衡地与社会绿色发展需求相衔接。

1.4 本书的主题

笔者认为，绿色发展、科技进步与性别平等这三者之间是一种“三螺旋模式”（图 1-3），它们互相依存、相互作用，共同引导着人类社会发展的方向。有望在将来的绿色发展中做出重要贡献的信息技术、能源技术、环保技术等领域的女性比例依然偏低，这直接影响到女性作为科技专家参与技术创新进而推动绿色发展的进程。本书即重点关注如何推动发展中国家女性更好地参与新兴技术领域（信息技术、新能源技术、生物技术和环保技术领域）发展，以实现绿色发展的目标。

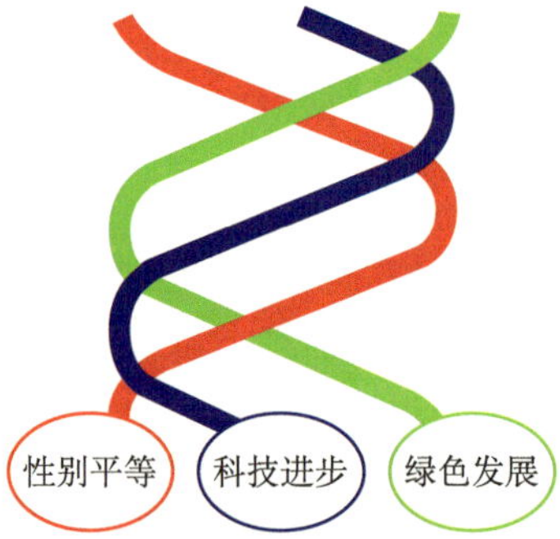

图 1-3 绿色发展、科技进步与性别平等“三螺旋”模式

本书重点围绕以下问题展开研究：绿色发展对性别结构产生了何种影响，女性又在绿色发展中发挥了什么作用？女性在参与以新兴技术为引导的绿色发展中遇到了哪些新的挑战？国际社会在推动性别平等与绿色发展方面已经采取了哪些行动措施？当前发展中国家政府应积极推动的政策措施及 OWSD 未来的行动重点有哪些？

#2

绿色发展给女性提供了新的机遇

绿色发展对女性的影响，一方面是绿色发展自身要求的性别平等发展给女性带来的福利提高；另一方面是要求大力发展绿色技术，通过绿色技术发展对社会劳动性别分工和家务劳动性别分工的改变而对女性产生影响。本章节重点关注后者。

2.1　改变社会劳动性别分工

科学技术的发展使机器替代体力劳动，并逐渐替代部分脑力劳动。人们在生产劳动中的体力支出逐渐减少，更多地依靠智力和知识的支出，引起劳动力就业结构发生变化：直接从事物质生产的人数相对减少，与之配套的服务业新领域聚集了更多劳动力。从社会劳动性别分工角度看，这种变化降低了生产过程对人体力的直接依赖，使女性在体力上的弱势和生理特点不再成为就业的限制[8]，改变了源于体力差异的社会劳动性别分工，与传统社会劳动性别分工中女性仅仅禁锢在家庭私人领域的无酬劳动分工比较而言，女性开始向公共领域扩张。

2.1.1 弱化职业的性别要求

职业是人们参与社会经济活动的主要途径。在基于传统社会性别分工的职业性别构成中，女性往往从事的是低技术含量、低报酬的非专业技术职业。家政服务人员、护士、幼儿教师等被社会规范认为是“女性工作”的职业，而男性则占据着主管、大学教授、政府官员等“男性工作”的职业。新技术革命促进了多样化生产方式的推广，柔性生产线和计算机集成制造系统提高了制造业的自动化程度，新兴技术的生产和服务创造了庞大的就业市场，改变了原来的就业结构，从以体力劳动为主转向以脑力劳动为主，回避了女性的体力劣势，弱化以体力差异为基础的社会劳动性别分工[9]，弱化职业的性别要求，为女性带来平等的就业机会。根据美国劳工部的统计数据，2013 年全美技术行业新增就业 60 000 个，其中 60% 的职位是被女性获得，而往年女性仅能获得其中的 20% ～30%[10]。女性劳动参与率的提高，表明女性在社会有酬劳动中承担了更多的劳动份额。例如，计算机技术最初被认为是男性的领域[11]，但因其体力要求不高，女性开始逐步参与其中，研究者也预测到这会为女性提供新机会[9, 12, 13]。信息技术的发展把机械化、智能化、集成控制运用到生产行业，使得部分工作岗位的体力要求降低，弱化了职业的性别要求。随着经济的发展，发达国家和发展中国家之间会发生产业转移，发达国家就业结构变化的趋势也会被带入发展中国家[14]，因此发展中国家女性未来会面临更平等的就业机会。

2.1.2 绿色岗位更吸引女性

绿色发展要求新兴技术更关注发展的可持续性、环境友好性，并促进绿色经济增长和创造绿色岗位。据预计，在未来的 20 年里，全球范围内会新增 5000 万个绿色工作职位[15]。由于女性天生关爱孩子，因此出于对孩子生存环境的担忧使她们对环境保护、绿色发展更关注。绿色职业是为人类的健康环境服务，从事绿色职业可以给女性更高的满意度，因此绿色岗位对女性具有更强的吸引力。例如，在西班牙再生能源类公司中，2010 年管理层中女性的比例达到 63.8%，而技术、销售等其他部门中女性的比例不超过 40%[16]；中华全国妇女联合会 20 世纪 90 年代组织开展的“三八绿色工程”由最初的义务植树造林，逐步延伸到以收入为导向的种植生态林、经济林和防沙治沙等森林资源管理[17]，吸引了大量女性的参与。此外，可再生能源、资源回收、智能交通、绿色建筑、节能设备、有机农业等领域具有优秀的绿色潜能，在未来提供的绿色工作机会会吸引更多女性参与。

2.1.3 新技术带来灵活多样的就业形式

与大工业时代的技术不同，绿色发展所需要的新兴技术（如信息技术、生物技术、新能源技术等）多属于分散、分布式的技术，这种分散、分布式的技术为女性创造了灵活就业的机会，并为女性广泛参与技术发展提供了机遇。

信息技术是女性政治、社会赋权及促进性别平等的重要催化剂[18]。发展中国家的女性劳动力大部分受限于居住地的地理位置、家务负担或社会传统文化的约束，在空间和时间上存在就业局限，而远程通信类技术可以帮助女性部分摆脱流动性和时间的束缚，提供一些灵活的就业形式[11]。例如，女性是食物加工处理、保存、种植、营养、健康等知识的创造传播者，农村女性拥有大部分相关知识，她们可以利用信息技术组织、整理这些知识并传递出去获得收益[19]。网络销售的模式能够提供比传统的中间人销售模式更多的利润，女性可以借助网络销售自己制作的产品或利用电子商务网站创业。例如，亚洲最大的网上交易平台——淘宝网为个人提供免费商铺，2012 年 7 月的数据显示中国区有 49% 的卖家是女性[20]，解决了至少上百万女性的就业问题。女性也可以借助新技术的使用来创业。例如，孟加拉国农村女性经营的电话亭是由孟加拉国乡村电信为贫困地区的女性提供的微型金融服务，资助其以购买和运营社区电话的形式创业。

生物技术与新能源技术的发展因侧重于绿色环保，受到女性关注，同时女性也具备充足的知识积累，为女性提供了工作机会。例如，美国生命科学、生物学、生态学的科学家中女性比例为 50% 左右①[21]；而在发展中国家的贫困落后地区，生物能源技术的应用可以帮助农村女性建立小型生物能源站，女性运营的能源站在满足家庭需要之外，还可以有偿为村落和社会供应能源，成为女性的收入来源[22]。

同时，女性创立的企业在经营范围、企业氛围等方面对女性更友好[23]，会进一步创造更多女性就业。

2.2 改变家务劳动性别分工

随着越来越多女性投入到社会劳动中，女性需要在社会劳动和家务劳动中重新分配自己的时间，这种调整可能会对男性在家务劳动中的付出产生影响，改变家务劳动的性别分工。这种改变主要体现在以下三个方面。

2.2.1 减少家务负担

女性家务负担的减少主要源自四个方面：

（1）新技术革命。以技术和产品的自动化、智能化和信息化提高效率，减少家务劳动总量。例如，洗衣机、洗碗机、扫地机等直接替代了部分人工劳动；冰箱的使用可以缩减采购次数；水、电、煤电子账单可以减少银行缴费的时间消耗。在部分欠发达地区，收集和管理传统燃料主要是女性的责任，以家庭为单位的小型生物燃料站、太阳能电站的建立，大幅度减轻了女性的家务负担。网络课程可以部分替代为子女辅导功课等。

① 全美 2010 年科学工程领域科学家、工程师中女性比例平均仅为 27.5%。

（2）家务劳动社会化减少家庭成员的家务劳动量。例如，家政工可以做家庭清洁工作，家教可以辅导子女功课，保姆可以照顾家人饮食起居，外出就餐或叫外卖可以减少下厨，或者选择一个专业的管家等。

（3）科学技术尤其是生物医疗技术的发展为有计划地选择生育提供了条件。照料孩子和家庭教育一直是女性家务劳动中最重要的部分，选择少生育减少了女性的家务负担[24，25]。

（4）由男性分担的家务劳动部分。这也是最能体现性别平等趋势的一方面。Bianchi 等[26]的研究发现，美国自 1965 年以来成年人的家务劳动（除照顾孩子和购物）总时间持续减少。而美国国家卫生基金会（National Sanitation Founclation，NSF）发布的一项研究结果显示，女性承担的家务劳动从 1976 年的 26 小时 / 周减少到 2005 年的 16.5 小时 / 周，而男性这一数据从 6 小时 / 周增长到 12.5 小时 / 周。中国也有类似情况，2010 年第三期全国妇女社会地位调查的数据显示，72.7% 的被调查者所属家庭的家务劳动主要由妻子承担，而这一数据在 2000 年是 85%[27]。可以看出，男性逐渐与妻子共同分担家务劳动是发展的趋势。

2.2.2 调整家务分工

参与有酬社会劳动让女性从传统的性别角色中摆脱出来，并对男性的性别角色产生影响，改变了男性作为家庭惟一供养者的状况，改变了女性的时间分配和家庭成员的资源分配，提高了女性的家庭地位[28]，进而改变了家庭内部的相对权力，调整了家务分工。

家务劳动性别分工的形成主要有三种解释：

（1）时间约束。夫妻双方可用于做家务的时间[29，30]；

（2）资源优势。拥有资源越多的一方，在家务劳动分工的博弈上越有利[31]，家务劳动参与度越低[32]，家务劳动的分工能够反映夫妻双方的权力关系；

（3）传统的性别分工意识。传统性别意识界定“妻子”角色与做家务劳动密切相关[33]，婚后女方做家务的时间会增大而男方会减少[34]。

科技的发展让更多女性加入到社会劳动中，能够分配到家务劳动中的时间越来越少；女性受教育水平、工资收入与男性的差距逐渐缩小，女性获得充分的资源使其在家务分工博弈中的地位提高；绿色发展对性别平等的要求和各国的努力及受教育水平的提高，逐渐削弱了传统性别意识对人们的影响。这种情况使得越来越多的男性开始和女性一起共同分担家务劳动。另一方面，科技使得部分家务劳动具有现代性，吸引男性参与。例如，购物大部分都是女性来负责，但科技产品的出现吸引男性参与家庭采购；科技玩具的出现使得更多男性愿意抽出时间陪孩子一起玩；洗衣机、洗碗机、微波炉等现代化厨房设备的出现，使得家务简单化，降低了男性参与门槛；随着家务劳动智能化的发展，相信将会有更多男性愿意主动承担家务劳动。

2.2.3 拓展了“家务”内涵

“家务”一般定义为维持家庭成员正常生活和满足其需求的无偿劳动，主要包括两部分内容：①为家庭成员生存、发展、享受需要的劳动；②生育、抚养及教育下一代的劳动。而科技提供的新型工具和手段拓展了“家务”的内涵，新“家务”不仅包含为以上家庭成员服务的具体劳作，还应包括女性为自身发展、家庭成员利益及家庭关系网的建设等，在家中进行的各种无报酬活动。

信息技术的发展让女性在家中可以通过广播、电视、互联网等获取外部信息，了解外部世界并与外部进行联系，学习、传播知识，丰富自己的同时让家庭成员受益。例如，在家通过远程学习专业知识，提高专业能力，增强就业竞争力获得更好的工作报酬；学习产前产后照料、营养及儿童教育的知识；通过移动电话、网络及通信技术建立女性交流网络，与女性组织保持紧密联系，更多地参与政治、经济和社会生活、参与决策[18]；使用信息技术传播女性自己创造的信息[35]，发出自己的声音等。这些新“家务”能够让女性意识到性别平等问题的重要性，减少对家庭暴力的容忍度，减少重男轻女的思想，更多参与家庭决策[36]，为家庭带来多样的性别关系[37]，从而让其他家庭成员受益[38]。

#3

绿色发展尤其需要女性

绿色发展是人类的共同追求，女性更亲近大自然的特质使其在绿色发展中起到不可或缺的作用。女性作为消费者、从业者和决策者，在绿色发展中的重要作用和独特优势正在日益凸显。

3.1 女性作为消费者，影响绿色发展的轨迹

女性是巨大的消费群体，掌握着世界上诸多产品的消费权。尤其是在家庭消费领域，女性通常拥有决定权。在当前中国，家庭消费的 70% 是通过女性进行和完成的。另一份数据显示，在美国，大约 80% 的消费决定由女性做出，女性每年控制着大约 20 万亿美元的消费[39]。正如经济学家和社会学家所形容，女性的力量是世界经济增长的“隐形发动机”。

同时，由于女性对环境有较为深刻的感受力与洞察力，更容易感受和关注生存环境的宜人程度，从而更容易采取积极、理性的绿色消费方式。OECD 近期的研究发现，相对于男性，女性在家庭消费上更倾向于购买可回收、有生态标志和节能的产品[40]。在中国，中华环保联合会于 2009 年与搜狐绿色频道联合开展了“绿色频道消费意识有奖问卷调查”项目。调查结果显示：在消费者中，9.3% 的男性消费者和 15% 的女性消费者在购买产品时最关心产品的环保性能，说明女性消费者比男性消费者更有可能进行绿色消费；在“绿色交通”“绿色食品”“绿色家电”等绿色消费领域中，女性消费者的关注程度都高于男性消费者，说明女性消费者的绿色消费意识要高于男性消费者；数据还显示，半数以上女性消费者主要是因为健康而进行绿色消费，接近半数的男性消费者

主要是因为推崇时尚而进行绿色消费。这说明，女性绿色消费者对绿色消费的概念理解比较深刻，更加注重绿色产品的内涵和品质[41]。由此可见，女性在绿色消费中具有非常重要的作用，她们是倡导和践行绿色消费方式的主力军。通过女性引导绿色生活方式和绿色消费，将有助于整个社会绿色消费观念和绿色生活方式的形成。

女性消费者绝非技术产品的消极使用者，相反，她们可以改变技术创新的方向和速度。女性作为绿色消费的主导者，能够引导未来科技向环境友好、生态友好的方向发展。例如，女性购买生活用品时选择通过环境认证的产品，就能从终端影响源头，淘汰污染环境的技术和产品，逼迫企业去寻求更绿色的技术。在食品问题上更是如此，女性理性选择绿色无公害食品，就能从消费终端将信息反馈给市场，再反馈给农民，从而能有效促使农民减少农业中化肥和激素的过度使用。可见，女性消费方式的选择过程将作为市场导向信息直接影响企业的技术创新方向和速度。未来绿色发展的轨迹将在很大程度上取决于女性的消费选择。

3.2 女性作为从业者，直接在绿色发展中做出贡献

在人类历史的舞台上，女性曾扮演着绿色发展引领者的角色。20世纪60年代以后启迪人类关注环境的具有划时代意义的三篇重要文献的作者均为女性。她们是美国生物学家蕾切尔·卡逊（Rachel Carson）的《寂静的春天》（*Silent Spring*，1962）、英国经济学家芭芭拉·沃德（B.Ward）的《只有一个地球》（*Only One Earth*，1972）、挪威前首相布伦特兰夫人（Gro Harlem Brundtland）的《我们共同的未来》（*Our Common Future*，1992）。第一篇是环境保护的开山和警世之作，第二

篇让世人关注地球的未来，最后一篇提出了可持续发展的概念。这些著作在社会上引起了高度的关注，使人类重新审视自身的发展模式，倡导环境保护和经济发展共赢的“绿色发展”模式逐渐得到广泛的认可。

当今，女性参与绿色发展的领域逐渐深化。她们由原来单纯的环境保护到参与科技发展，在以新兴科技为引导的绿色发展中发挥着不可或缺的作用。最近有关创新的研究发现，女性独特的价值观念和研究视角使科学发展呈现出更加多样化的思维方式，能够激发各国的创新和经济发展。世界范围内的无数案例已表明，女性已成为现代技术——生物技术、信息技术、新能源技术等的创新发展中不可低估的力量。Alejandra Bravo 是墨西哥国立自治大学的一名分子微生物学教授，她成功地改良了玉米基因，使其能够自主产生病虫害抗体，同时不对环境产生任何影响。智利圣地亚哥智利大学教授皮勒尔・塞雷塞达长期致力于清洁水的研发技术，并投身于智利的环境保护。在中国，中国科学院女科学家刘立侠创造性地开发了与光能利用有关的农业物理技术，在多地区、多品种大面积开发中，使农作物增产 8%～30%。内蒙古农业大学的李国婧长期从事植物分子生物学研究，根据内蒙古地区的实际情况，致力于植物抗逆信号传导、旱寒荒漠区植物生物质能源利用研究，对指导旱寒荒漠区农业产业化具有重大意义。这些都为女科学家参与新兴技术和绿色发展提供了成功的个案。

由于女性热爱自然、关注生存环境的特点，使她们不仅致力于绿色科技的研发，热衷于从事绿色技术的运用和推广，同时对绿色创业表现出极大的热情和偏好。Kelly Tiller 是美国田纳西州生物质和生物能源公司 Genera Energy 的总裁，她同时也担任田纳西州立大学生物能源项目办公室的外部运营总监，长期致力于清洁能源的开发和利用。2010 年 8

月，该公司宣布建设旗下的生物质创新园区，将全面完善和优化田纳西州的生物质供给链。卡伦·科偌弗（Karen Conover）也是女性从事绿色创业很好的例子。她在风能技术运用方面做出了卓有成效的工作，在世界30多个国家开展过风能相关的项目，在风能技术开发和运用方面发表多篇著作。她创办了美国“全球能源概念”（Global Energy Concepts）风能咨询公司，并担任首席执行官。现在，卡伦·科偌弗除了担任美国风能协会董事会主席外，还是“风能女性”（Women of Wind Energy）董事会成员之一（框3-1）。同样的绿色技术创业者还有印度的阿努拉德·阿查里雅（Anuradha Acharya），她成功地创办了“Ocimum Bio Solutions”和“Map My Genome”两家生物技术公司（框3-2）。

框3-1　卡伦·科偌弗——风能的推动者

卡伦·科偌弗是全球风险管理公司挪威船级社（DET NORSKE VERITAS，DNV）风能分部总监。科偌弗负责所有DNV的风能业务，协调遍及美国、欧洲和亚洲的风能办事处之间的全球合作。她还是全球风能概念咨询公司的创办人和前首席执行官，该公司于2008年被DNV收购。

科偌弗女士在杜克大学获得机械工程和材料科学学士学位，并在亚利桑那州立大学获得能源系统工程硕士学位。科偌弗女士主持、开展的风能项目和工程遍及整个美国及世界30多个国家。她还撰写了多部关于风能技术的论文和出版物，并经常到世界各地进行演讲。

她拥有超过20年的风能技术等可再生能源的应用经验。在美国风能领域担任多项职务，是美国风能协会董事会成员，并曾担任董事会主席、风电董事长，目前还担任会员委员会主席。

除了在美国风能协会任职，她还在美国风能战略规划委员任职，是美国“风能女性”董事会成员之一。

资料来源：http://www.dnv.com/industry/energy/segments/wind_wave_tidal/index.asp。

框 3-2　阿努拉德·阿查里雅——生物技术公司创业者

阿努拉德·阿查里雅不仅是一位生物科技领域的企业家，还是印度政策制定的积极参与者。

阿查里雅创办了两家生物技术公司——Ocimum Bio Solutions 和 Map My Genome，并担任首席执行官。她在 2008 年获得美国生命科学创新奖，并于 2011 年被世界经济论坛评选为全球青年领袖人物。

阿查里雅 1972 年出生于印度的比卡内尔，但在克勒格布尔度过了大部分时光。她于 1995 年毕业于印度理工学院。随后，她在美国伊利诺伊大学芝加哥分校获得物理学和管理信息系统学硕士学位。

阿查里雅是科学和工业研究理事会成员，国家生物医学基因组学研究所董事会成员，2011 年遗传学全球议程委员会副主席。此外，她还是生物技术企业协会的董事会成员之一，“印度行动”咨询委员会成员，世界著名风投公司 IvyCap Ventures 的创业板导师。

资料来源：http://en.wikipedia.org/wiki/Anuradha_Acharya。

3.3　女性作为决策者，推动绿色技术的广泛传播

由于女性所特有的价值观念——强调人类基本生存需要和福利、过程管理以及保育等，使得女性往往更具有环保意识。联合国环境规划署资助的公众对环境态度的调查显示：与男性相比，女性更愿意选择对健康威胁较小的较低水平的生活方式而不是对健康威胁较大的较高水平的生活方式；女性有更多的途径了解当地的环境问题，她们比男人更清楚怎样去解决问题。女性常常在减少不必要的资源使用、加强环境道德、重复使用资源减少浪费等方面担当了领导者的角色[42]。因此，当女性处于管理层和决策层时，必然会将这种生态友好的意识纳入到决策过程中，倾向于支持具有环境意识的和生态友好的政策。

实践证明，当一个地区的女性领导人具有很好的环保意识时，这位

领导人对该地区的环境保护将起到决定性作用。肯尼亚环境和自然资源部副部长旺加里·马塔伊（Wangari Muta Maathai）是一位典型的代表。1977 年，她创建和启动了“绿带运动”，致力于保护环境并向人们提供就业机会。到目前为止，“绿带运动”已在肯尼亚种植了近 3000 万棵树，对解决肯尼亚因砍伐森林所引起的严重问题具有非常重要的意义。“绿带运动”的斐然成绩得到肯尼亚和一些国际组织的肯定和赞扬，马塔伊本人也得到肯尼亚和国际社会的多次褒奖（框 3-3）。

框 3-3　旺加里·马塔伊领导的“绿带运动”

旺加里·马塔伊曾任肯尼亚环境和自然资源部副部长，社会活动家。2004 年 10 月，马塔伊因领导了“绿带运动”、在非洲栽下 3000 万棵树而获得诺贝尔和平奖。成为继南非前总统曼德拉、联合国秘书长安南之后赢得这一荣誉的第 7 位非洲人。

她早年在肯尼亚当地接受教育，后前往美国堪萨斯州的一所大学学习生物学，并在 1964 年获得生物学学士学位。1966 年，她又在美国匹兹堡大学获得硕士学位。学成归国后，马塔伊在内罗毕大学从事兽医学的研究，并于 1971 年在那里获得博士学位，成为东非第一个获得博士学位的黑人女性。由于工作业绩突出，她于 1976 年成为内罗毕大学兽医学系的首位女系主任。1976 年，马塔伊积极投身于肯尼亚全国妇女委员会的工作，并在 1981 ～ 1987 年担任该委员会的主席。1976 年，马塔伊开始在肯尼亚宣传植树造林的理念。1977 年，她创建和启动了“绿带运动”，致力于保护环境并向人们提供就业机会。到目前为止，“绿带运动”已在肯尼亚种植了近 3000 万棵树，对解决肯尼亚因砍伐森林所引起的严重问题具有非常重要的意义。“绿带运动”的斐然成绩得到肯尼亚和一些国际组织的肯定和赞扬，马塔伊本人也得到肯尼亚和国际社会的多次褒奖。2002 年 12 月，马塔伊当选为肯尼亚国会议员。2003 年，马塔伊被齐贝吉（Mwai Kibaki）总统任命为肯尼亚环境和自然资源部副部长。2011 年她因癌症在内罗毕去世。

资料来源：http://en.wikipedia.org/wiki/Wangari_Maathai。

在全球范围内，女性政要不仅在保护当地环境方面起到决定性作用，在绿色技术的开发、运用和国际传播中同样发挥着至关重要的作用。例如，美国民主党华盛顿州参议员兼美国参议院能源委员会长——玛丽亚·坎特维尔（Maria Cantwell）积极投身于绿色技术的国际转移工作。2006 年 11 月 13 日，玛丽亚·坎特维尔率领国际工商妇女领袖代表团里 60 位来自世界各地的女性精英代表参加了一年一度的“优秀女企业家国际论坛”，会议主题围绕“节约资源、保护环境及可持续发展展开”。论坛提出，女企业家只有依靠科技进步，逐步树立起科学发展观，主动承担起经济、社会和环境三重重任，才能实现可持续发展。2009 年，她作为政治领袖，参加了在中国上海举办的“绿色科技领航峰会”，制定推动绿色科技市场发展的行动计划，推动中国、美国两国的绿色科技合作。

企业界的女性领导人在引导企业绿色发展方面更是做出了突出贡献。已有研究发现，那些女性在董事会和高层管理人员中比例较高的企业往往具有更好的绩效，增加企业女性领导者和决策者的数量有助于企业寻求更加“绿色”的解决方案，并为可持续发展发挥更有效的贡献[43]。中国电力国际发展有限公司前董事长李小琳就是这样一位具有绿色发展意识的企业领导人。多年来，她贯彻“奉献绿色能源服务社会公众”的企业精神，积极推进低碳清洁发展模式。她以“碧水蓝天”的核心理念，在香港资本市场成功打造“中国电力新能源”绿色发展平台。美铝亚太区公司事务副总裁黄志湘也是绿色发展的积极倡导者，她在 2012 年 11 月由联合国妇女署等主办的性别平等与企业社会责任国际论坛上，提出了一个引人注目的观点：关注女性与发掘女性管理者的潜力对于推动全球下一阶段发展中不可或缺的绿色领导力有很大的价值。在绿色领域，女性的参与和领导力往往会发挥很强的作用。

现在，女性已经站在引领变革的前沿。在绿色发展的历史大潮中，全球女性，尤其是女性政要和企业家们，更是起到了引领者的角色。对“世界银行”项目的近期回顾显示，当决策层中包含女性时，可持续发展提高 16%[43]。增加女性领导者和决策者的数量，不仅有助于增加绿色技术的多样化，而且有利于这些绿色技术的广泛传播。正如前 OECD 可持续发展顾问 Candice Stevens 所言“如果女性更多地担任决策者的角色，我们迈向经济、社会和环境和谐的可持续发展进程将更快、更稳健。”

#4 绿色发展与科技领域性别平等面临的巨大挑战

绿色发展对未来科技提出了新的要求，环境和社会性别成为其中最重要的关键词之一。一方面，新兴技术的发展给环境、女性和社会性别关系带来了更多的不确定性。另一方面，女性在绿色发展和新兴技术领域面临的那些旧有的障碍依然存在，包括传统性别文化观念和性别分工模式、教育水平的性别差距、职业生涯中的性别分层、政策制定和实施中的性别盲视等，这些制约因素往往形成循环强化的作用，使得女性在绿色发展和新兴技术领域发挥优势、获得平等地位所面临的挑战更大。并且，对于发展中国家而言，一方面，社会性别主流化尚未实现制度化。另一方面，工业化过程和绿色化过程要同步发展。这些因素使得它们在推进绿色发展和科技领域的性别平等方面的任务更艰巨，挑战也更严峻。

4.1 新技术发展带来的不确定性

全球化和新兴技术的发展给环境、女性及性别关系带来了诸多不确定性。这种不确定性使得绿色发展和科技领域的性别平等面临新的挑战。

新兴技术的发展一方面给人类带来了福音和便利，同时也隐含着诸多风险。以纳米技术为例，它已经在工业生产、医药卫生和人类生活的各个领域开始得到应用，但其在环境和人类健康方面的风险具有很大的不确定性。运用该技术制造出来的粒子体积极其微小，极易流失到环境中，且很难回收。世界各国在实验室中竞相开发的各种纳米材料，最终可能形成一系列难以生物降解的新型污染物，会造成水污染、土壤污染和空气污染。2009 年 3 月，英国发布了题为“关于纳米材料与纳米技术的环境、健康与安全研究的回顾”的调查报告，这是全球首份关于纳米材料和纳米技术对人类环境、健康与安全影响的综合报告。报告指出，二氧化钛纳米颗粒容易在饮用水中聚集，从而污染环境、影响健康；银纳米颗粒目前已被工业大量使用，即便它在环境中的聚集量很低，也会对水生无脊椎动物造成伤害；等等[44]。

相比于纳米技术，干细胞技术因与人类身体健康、子孙繁衍和社会伦理的关系更密切，而在知识本身以及伦理、法律和政策方面具有更强的不确定性，女性因此而受到的影响更加不可估量。欧盟曾推出一个题为“生物技术中的女性”〔Women in Biotechnology，WONBIT，Contract No. 036675（SAS6）〕的项目，强调生物技术不只是技术问题，更关涉社会、伦理、环境、可持续发展等重要方面，尤其对女性的影响更大。在他们看来，女性的身体既是生物技术的主体也是生物技术的客体，在类似于基因测试访谈或者胚胎使用的知情同意等方面，女性将与生物技术无可避免地形成交集[45]。从女性主义视角来看，女性作为胚胎干细胞的最直接来源之一，所承受的伦理压力远远超过了人们的想象。约翰·哈里斯（John Harris）曾指出：“我们应该记住，如果胚胎、胎儿组织和脐带血将作为干细胞的来源，女性作为这些组织最直接的来源，就会处于特殊的压力和危险之中[46]。”换言之，在女性主义学者看来，干细胞技术显然是女性研究和社会性别研究的重要议题。

从另一个角度来看，这些新兴技术，尤其是类似于纳米技术的跨学科领域，同时也给女性进入提供了新的契机。以 IT 产业的某些部门为例，女性雇佣者的数量要超过男性，尤其是在南亚以及东南亚的工厂里。在其他许多新技术领域中，性别的区分越来越不明显，甚至女性在有些领域反而更具有优势。然而，这些新兴技术领域的性别不平等依然普遍存在。关于东南亚的相关研究发现，女性在高科技产业中仍从事的是最基层的工作，她们的薪酬最低且并不需要很多技能[47]。换言之，女性大多数仍然处在该领域的底层，她们的身心健康问题日益成为学者关注的重要问题。

也为此，很多女性主义学者开始强调女性在上述新兴技术领域具有的优势。其中，美国伊利诺伊大学妇女工作局（Women's Bureau）成立“纳米技术中的女性”（Women in Nanotechnology）项目，以吸纳和培养更多的女性进入这一专业领域[48]。“生物技术中的女性”报告再次强调必须改变生物技术领域女性科研人员的相对缺席状态，认为女性在生物技术领域具有一定的优势，她们的社会竞争力和管理能力也很强，尤其是其更关心与环境、社会、女性和年青一代等相关的议题，应该进一步提高女性在生物技术领域的决策地位，突出她们在生物技术领域的角色的重要性，改变社会和公众对生物技术的现有看法[45]。

总而言之，包括纳米技术、干细胞技术和信息技术在内的新兴技术对环境和女性的影响具有不确定性，利益与危害、风险和机遇并存。一方面，已有越来越多的科学家和人文社会研究者开始呼吁要完善与新兴技术相关的国际公约以及国家层面的法律法规，防止这些新兴技术被滥用，从而给环境和人类尤其是女性的身体健康造成不可挽回的损害；另一方面，环境、女性和性别已成为新兴技术中的应有议题，如何减少、降低新兴技术对环境和女性的负面影响，同时为女性利用新兴技术的复杂性和不确定性而做出更多的贡献，已成为学术界和政府应给予充分关注的议题。

4.2 旧有的障碍因素和挑战依然存在

对于女性在绿色发展和相关科技领域面临的障碍，已有一些学者和国际组织的研究报告给予了关注。其中，关于女性与绿色发展的一份研究报告认为，女性参与“绿色经济”发展所遇到的障碍与“褐色经济”（brown economy）所遇到的障碍相似。具体而言，在时间利用方面的性别差异、教育和技能培养的性别模式、参与劳动力市场的性别模式、女性在生产资料上的可获得性等仍是女性参与绿色增长遇到的主要障碍，而且这些障碍通常相互影响[49]。

我们认为，女性在绿色发展和新兴技术领域面临的大部分问题依然是老问题，其障碍来自于性别文化观念、教育实践和职业生涯各个环节，来自这些方面的制约因素往往相互循环强化，并形成叠加效应，使得女性在绿色发展和新兴技术领域的发展面临更严峻的挑战。

（1）传统的社会性别文化观念依然占据主导位置

伴随着经济发展、社会进步，越来越多的亚洲、非洲和拉丁美洲的发展中国家认识到：在走向现代化的过程中，女性在经济和社会地位方面的平等是降低贫困程度、保持一个国家长期可持续发展的重要条件。为此，这些国家采取了很多措施来减轻社会经济生活中的性别不平等状态。然而必须承认的是，亚洲、非洲和拉丁美洲女性的经济社会地位依然不能令人满意。据本项目的参与国之——尼日利亚的调查统计表明，在众多影响女性参与绿色科技的因素中，社会性别文化观念依然是最重要的影响因素，其次分别为体制障碍和雇佣的非持续性（图 4-1）。

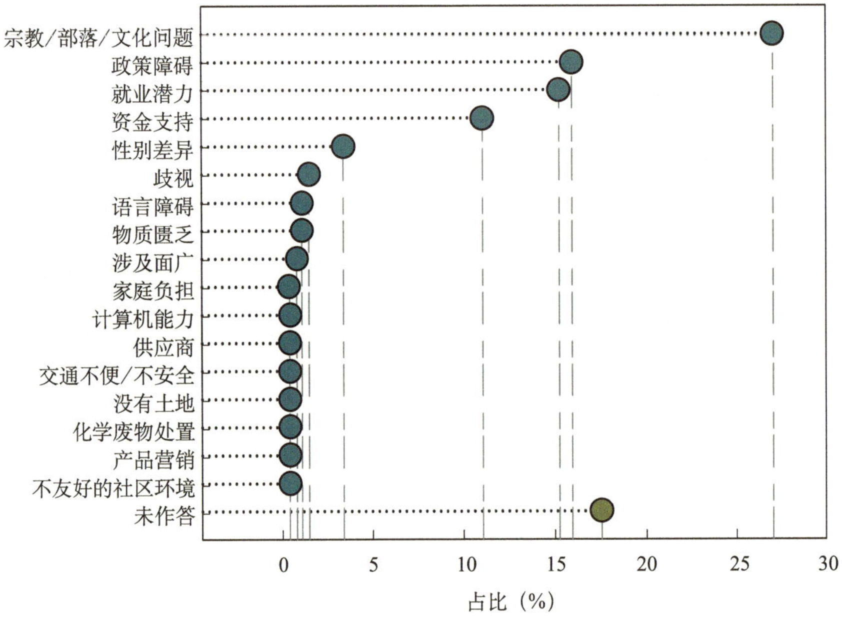

图 4-1　女性投身新兴技术领域所遇到的各种障碍占比
数据来源：2013 年项目组展开的尼日利亚调查数据

这种性别不平等无处不在。首先，女性必须从事一些不付报酬的工作，承担家务劳动和在外工作的双重负担。以肯尼亚为例，该国女性的平均劳动时间比男子高出 1.3 倍，农村地区女性每周的劳动时间比男性多出 14 个小时，因为她们必须花费更多的时间来持家。其次，女性在劳动力市场上处于弱势，包括用工歧视、工资和收入差异、职位上的差别对待，从而导致女性就业率低、报酬低、劳动条件差等。例如，几内亚 15 ～ 65 岁的女性就业率只有 40%，其中仅有 1/5 的受雇女性是拿固定工资的正式雇员。再次，女性很难拥有同等的机会来获取某些生产和消费资源。例如，发展中国家的贫困女性常常缺少抵押贷款或信用贷款的支持。在非洲，银行发放的面向中小农户的贷款中，女性所获贷款的比例只有约 10%，仅相当于全部农业贷款的 1%。最后，在社会保障系统和卫生保健方面，女性也同样遭受了不公平的待遇。由于大多数现行的社会保障制度忽略了家庭内部的分配不公，许多发展中国家（如印度）的女性未能从社会保障体制中平等获益。例如，在卫生保健领域，由于贫穷和恶劣的卫生保健，孟加拉国和尼泊尔的女性平均预期寿命要低于男性。

上述现实状况表明，发展中国家要切实促进女性参与科技，尤其是进入新兴的绿色技术领域，首先要求打破发展中国家传统的性别文化观念以及在此基础上形成的种种性别鸿沟。这对发展中国家是一种巨大的挑战。

（2）教育领域的性别不平等现象依然严重

对于推进女性参与绿色发展和新兴科技而言，一个直接的、现实的障碍来自教育领域的性别不平等现状。如何打破坚冰，吸引和推动更多女性接受教育，是我们面临的关键挑战。

从世界范围内来看，自 20 世纪末至 21 世纪初，女性在高等教育领域的入学率呈缓慢增长趋势，增长速度并不高；欠发达国家和地区女性高等教育入学率基本都在 30% 以下（图 4-2）。

此外，结合 2010 年世界高等教育性别平衡指数来看，撒哈拉以南非洲国家、南亚和西亚国家高等教育性别平衡指数明显失衡，分别为 0.62 和 0.76，说明这些国家女性在教育资源的获取和利用方面仍处于弱势（图 4-3）。

实际上，很多发展中国家的女性（尤其是农村女性）在教育方面处于严重的不利地位。例如，在马里，女性的识字率只有 15%，入学率也只有 25%。在亚洲的发展中国家，识字率、儿童入学率、受教育年限等存在着广泛的性别不平等是不争的事实。这从根本上制约了女性接受高等教育（尤其是理工科教育）的比例。

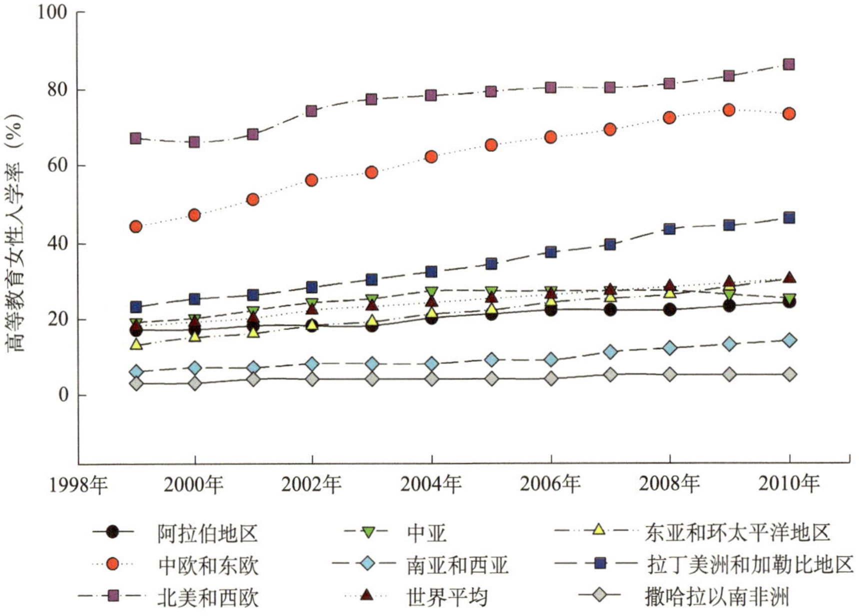

图 4-2　世界高等教育女性入学率历年变化

数据来源：UNESCO Institute for Statistics

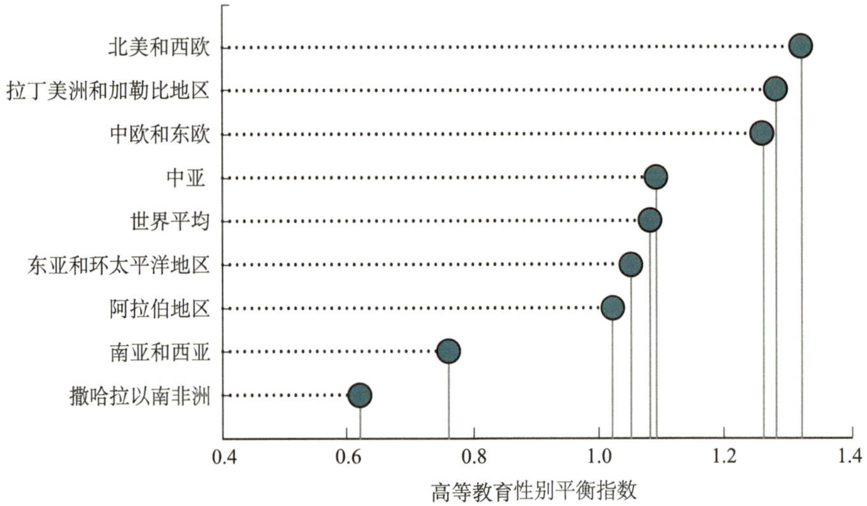

图 4-3　2010 年世界高等教育性别平衡指数

数据来源：UNESCO Institute for Statistics

（3）职业实践领域的障碍依旧存在

与高等教育中相关专业的性别鸿沟直接相关，发展中国家女性在生物、环境、新能源等绿色科技领域的实际参与率低下，性别偏见和性别不平等依然是较普遍的现象，并且由于马太效应的作用，男性在上述科技领域的主导地位将变得更加坚固；如何通过相应的政策措施逐渐改变这一现状和可能的趋势，是发展中国家面临的另一现实挑战。

实际上，女性在全球范围内的科技领域的参与率普遍偏低。以欧盟25国[①]的数据为例，即使在发达国家，女性在科技领域仍处于相对弱势的地位，女性更容易从职业系统中“流失”（图4-4）。

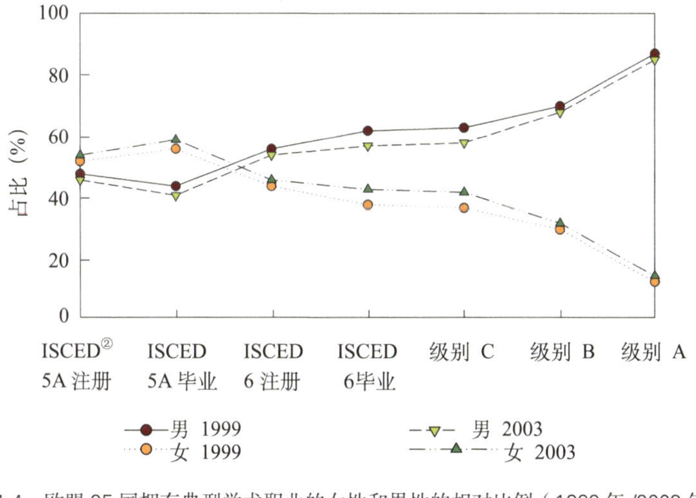

图4-4　欧盟25国拥有典型学术职业的女性和男性的相对比例（1999年/2003年）

数据来源：Eurostat Education data, DG research

① 截至2014年，欧盟共有25个成员国。

② 国际教育标准分类（International Standard Classification of Education，ISCED）是联合国教育、科学及文化组织（UNESCO）于1976年根据1958年第十届大会通过的关于国际教育统计标准的建议而制定的。它的主要目的是为使各会员国在国内和国际收集、整理和提供教育统计资料时有一个国际通用的适当工具，便于在国际编制和比较各种教育资料。

比较而言，发展中国家女性在科技领域的实际参与率则更低，大多数处于 40% 以下，只有极少数国家达到了 50%（图 4-5、图 4-6）。

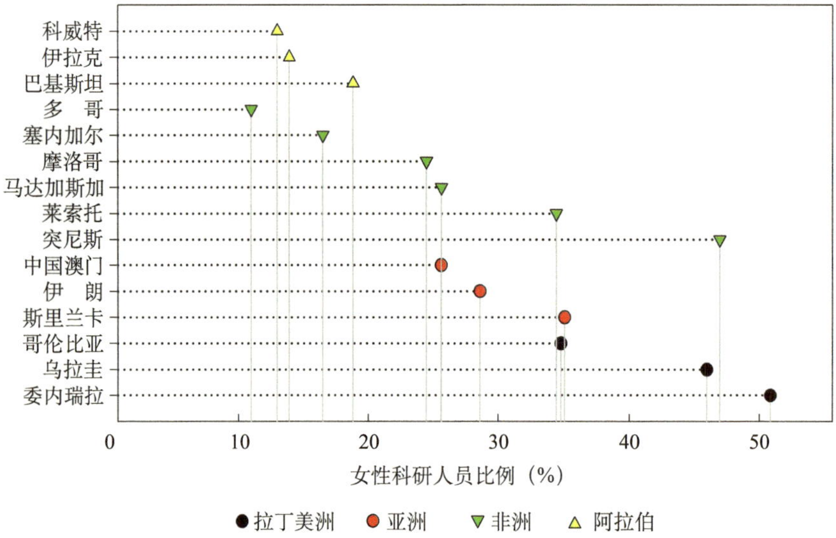

图 4-5　部分发展中国家 2008 年全职和 ISCED6 女性科研人员占比
数据来源：UNESCO Institute for Statistics

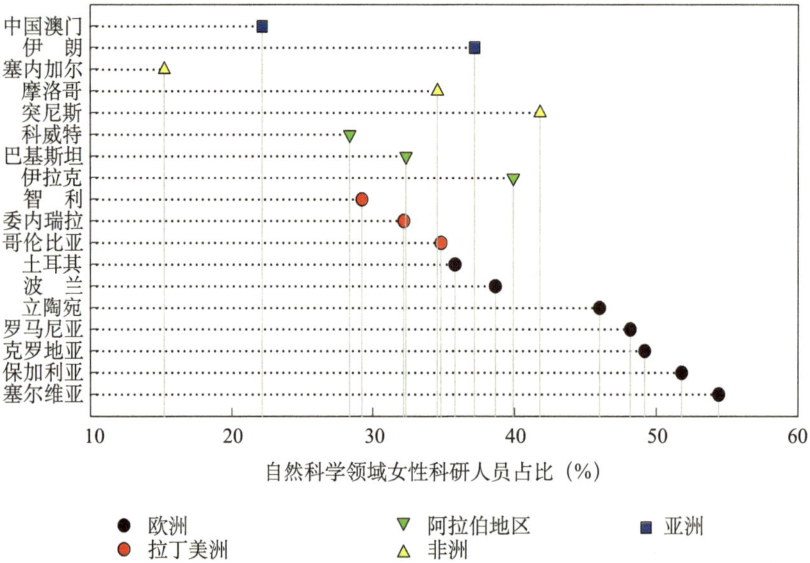

图 4-6　部分发展中国家 2008 年自然科学领域女性研究人员占比
数据来源：UNESCO Institute for Statistics

事实上，除了女性在科学技术领域的人数比例相对较低之外，该领域的性别偏见和不平等现象还表现为女性所掌握资源的有限性，女性在决策机构中的比例依然很低，在科技奖励、基金资助的获得方面依然比例不高，科研成果的社会承认度依然不相称等各个方面。这些对于吸引更多女性参与该领域构成了现实的障碍。并且，女性主义研究表明，这种不平等模式将在新技术组织中被复制。“性别组织理论”（the theory of gendered organizations）认为性别不平等内化于组织，能被不断复制。其中一个重要的复制方式是绩效评估机制，它们往往看起来建立在客观体系上，但实际上是基于男性标准来确定什么是表现好的。女性在此标准下往往处于劣势地位[33]。

为此，我们需要做好女性高等教育和职业生涯的有效衔接，进一步在职业发展阶段为女性提供更多的就业岗位、启动资金、职业培训、基金倾向和专门奖励，从文化和制度等层面真正将性别意识纳入到科技实践的各个方面，为更多年轻女性提供踏入科技领域的职业门槛，并积极发挥作用，提供更好的环境。

4.3 高等科技教育中的性别失衡

除前文所说男女两性在基础教育和普通高等教育领域的性别比例存在较大差距之外，一个更突出的现象是高等教育中的专业和学科的性别失衡或隔离。这一现象是我们面临的另一重要挑战，因为它会导致和加剧两性之间的技术鸿沟，强化女性不适合从事新技术领域工作的刻板印象，使得女性更加难以在新兴技术领域更好地发挥作用和取得平等地位。也为此，我们在此单独列出，以强调其重要性。

具体而言，高等教育中专业和学科的性别隔离现象指的是少数能接受高等教育的女性，基本集中于教育、健康与福利、人文艺术、社会科学等领域，自然科学（尤其是工程技术）领域的女性比例非常低，这是一个较普遍的全球现象。图 4-7 所示的发展中国家高等教育中同样存在着明显的专业和学科的性别隔离现象[50]。

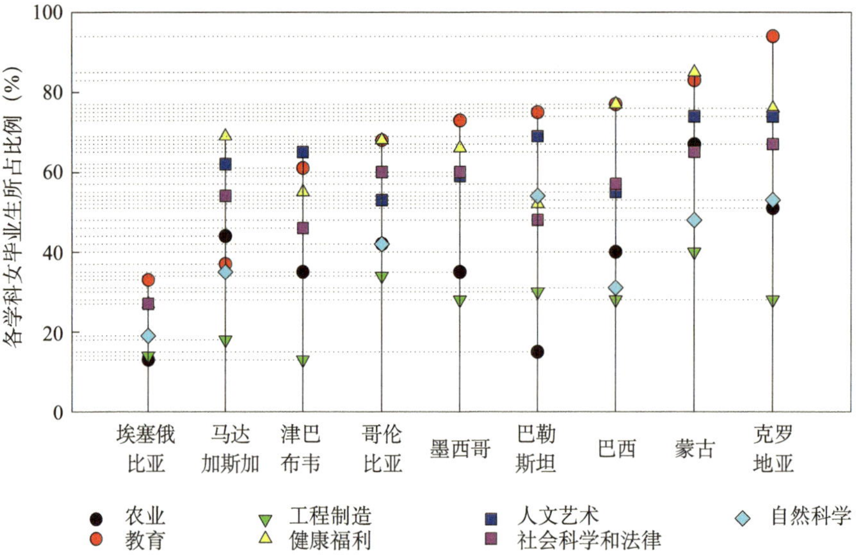

图 4-7　部分发展中国家 2010 年女性高等教育学科分布比例

数据来源：UNESCO Institute for Statistics

在高等教育中，除健康管理、人文社会领域与科学技术领域的性别失衡以外，科学技术领域内部同样还存在性别失衡现象，主要表现在女性似乎较集中到某些特定领域。例如，在很多地区，女性在生物学和生命科学的参与度得到了提高，欧洲发达国家甚至出现了生物学的“女性化”，女性比例达到 50% 以上，但是女性在“更艰难”的物理学、工程学、计算机科学和信息技术领域的比例在世界各国都普遍偏低，在一些 OECD 国家，这些专业的女毕业生只占 9% ～ 25%[51]。

更重要的是，高等教育中学科的性别隔离会直接导致就业的性别隔离现象的延续和强化。图 4-8 表明，欧洲的发展中国家工程和技术领域就业的女性研究人员最高比例不足 40%，最低不到 15%；而亚洲发展中国家该领域女性科研人员的最高比例不足 25%；拉丁美洲的最高则不足 20%。在高等教育层次上，发展中国家信息、能源、环保、生物等将来有可能成为绿色产业先导的学科专业教育中出现了严重的性别失衡，使得女性在这些新兴技术领域的参与中输在了起跑线上。这将直接导致女性很难在上述新兴技术领域的发展中把握机遇，更不用说充分发挥影响力了。显然，目前发展中国家的女性现有的技术教育水平和技术能力远远无法满足其在绿色发展中发挥作用的需求。

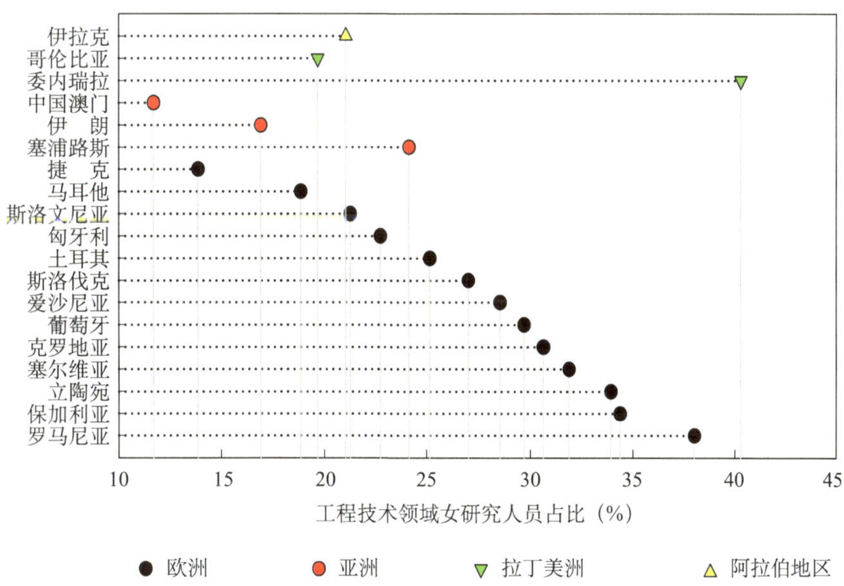

图 4-8　部分发展中国家 2009 年工程技术领域女性研究人员占比
数据来源：UNESCO Institute for Statistics

总而言之，高等教育中的学科性别分布是一个相对普遍的现象，并非发展中国家所独有。但是发展中国家要走的路更长，挑战也更大。在解决高等教育性别平等的议题上，不仅是入学率和就业率的问题，更要关注学科的性别分布和职业的性别分工，结合未来的发展趋势，积极引导更多女性进入传统上被认为是男性占主导地位的那些学科专业学习。一个可能的突破口是通过科学传播和大众传媒的宣传，逐渐改变关于性别和新兴技术的刻板印象，从根本上改变科学、技术、工程与男性气质之间的传统等式，而这无疑也是一项长期工程。

4.4 科技政策制度的性别盲视

虽然国际上社会性别主流化已经是促进性别平等的核心措施，但在发展中国家的中长期规划与具体的科技政策制定、实施过程中尚没有得以推行。如何在科技政策层面倡导和贯彻社会性别主流化（尤其是“差异平等”观念）是我们面临的重要挑战之一。

目前大多数国家（包括发达国家），女性在政府、商业、政治和社会机构的决策层和领导层中仍处于相对缺席的位置。在科技领域，男性仍然占据技术公司、监管或政策制定机构的大部分管理和主导岗位，发展中国家尤其如此（图 4-9）；相关的管理决策制定并没有进行性别影响分析；政府和技术开发机构把技术看成是价值中立的工具而没有考虑技术所带来的社会、环境和经济影响，尤其是对女性的影响；忽视女性的技术技能和对技术的使用趋势；女性很难公平获取发展的资源，包括资金、培训和信息。

针对这些情况，欧盟、美国、韩国等国家和地区已先后将社会性别主流化策略纳入科技政策的制定之中。自 1999 年第五框架计划以来，欧盟将性别平等意识纳入到整个共同体的科技政策制定之中，并颁布了相应的行动计划。计划规定，建立欧洲平台，将女科学家和倡导科技领域性别平等的组织联系起来，尤其重视建立性别指标以衡量欧洲科技领域性别平等的发展状况等。韩国颁布了“科技机会平等”法，设立各类专门项目，为女性参与科技赋权。

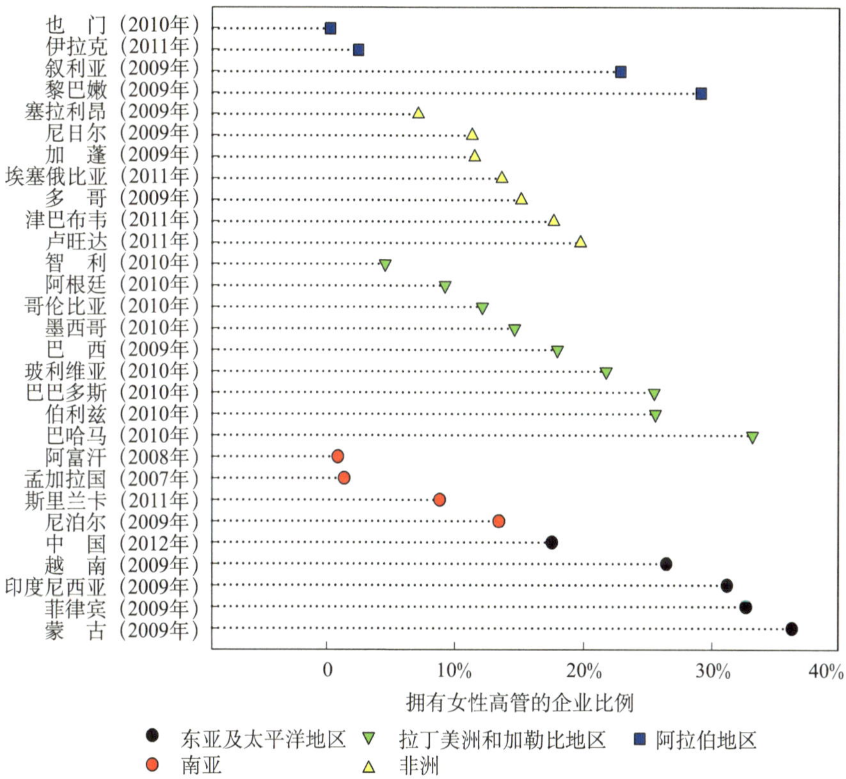

图 4-9　拥有女性高管的企业占比

数据来源：World Bank Enterprise Surveys

比较而言，发展中国家的科技政策框架体系尚没有体现性别平等意识，性别盲视现象依然较普遍。以中国为例，在 1995 年北京世界妇女大会以来，中国的妇女发展计划和政策得到了前所未有的发展；但在政策层面却很少关注科技领域的性别平等问题。直到 2008 年，《中华人民共和国科学技术进步法》（修订案）明确提出女性科技人员享有平等权利。但是，这离欧盟等国家和地区所推行的社会性别主流化措施还有很大的差距。接受访谈的一些政策制定者认为，只要不存在明显歧视女性的政策条目，就是体现了性别平等的政策制订理念。而这和女性主义所强调的“差异平等”同样还有很大的差距。事实上，迄今中国尚未建立起促进女性参与科技的政策体系，女性科技工作者的组织少而且尚未很好地发挥作用，科技领域女性平等权利还没有受到应有的重视。换言之，面临绿色发展和新兴技术领域新的变化，我们在制度政策方面还没有准备好。

中国的情况在发展中国家具有一定的代表性，尤其是在经济相对落后和性别观念较保守的国家，科技政策体系中的倾斜措施更易引起男性的不理解和不满，认为这些保护性措施是对男性的不公正。男女平等被认为男女都一样，这种对性别平等的传统理解，往往被作为巩固男性在公共领域既有地位的重要观念基础。如何转变这一观念，并结合本国的特殊国情，逐步建立起相应的促进女性参与科技的政策体系，同时建立与政策相匹配的专业实施、监督、评价机构和性别平等监控体系，致力于科研机构内部的制度改革，这对于发展中国家而言，依然是具有挑战性的任务。

这里有一点特别要指出，科技政策制度中的性别盲视现象和上述几方面的障碍因素常常形成相互作用、循环强化的关系。例如，“传统性别文化观念”会影响“社会的性别劳动分工”，造成“科技教育中的性别不平等”；“科技教育中的性别不平等”的直接后果就是女性在科技领域的参与度低并居于底层位置，造成“科技领域的性别不平等”；“科技领域的性别不平等和性别隔离”会反过来进一步强化“女性不适合从事科技实践”的“传统性别角色定型与分工观念”，造成相关“科技政策制度的性别盲视”，进一步影响女性接受科技教育的积极性，固化和强化“科技领域的性别不平等”；这些因素的相互作用最终会加剧“绿色发展中的性别不平等”。图 4-10 简明地描述了这个相互作用、影响和强化的循环圈。值得关注的是，科技政策中的性别盲视（unnoticed）是当前发展中国家普遍存在的问题，但未来科技发展带来的风险与不确定性（uncertainty）使这个循环圈所处的时代背景更复杂。我们将这些所有的障碍因素概括地称为“6U”强化循环圈。

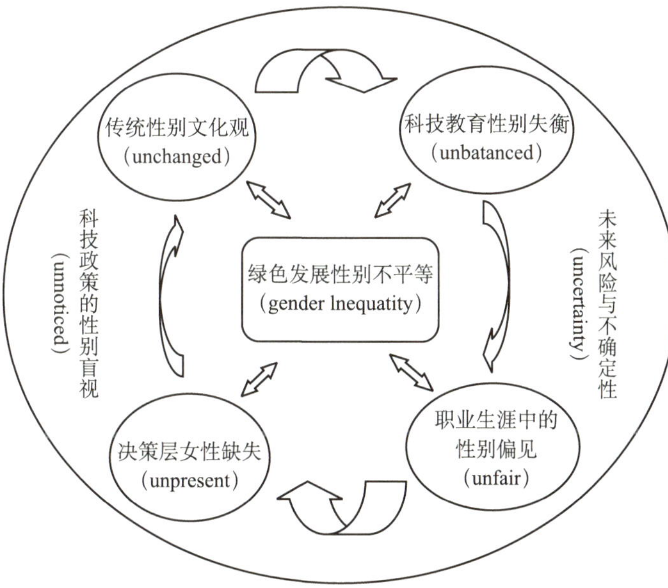

图 4-10 “6U”强化循环圈

相应地，要改变科技领域的性别不平等现状，尤其是促进女性在新兴技术和绿色发展中做出应有的贡献，首先就必须从这一强化循环圈的不同节点打开缺口，为女性参与提供新的契机。

4.5 发展中国家面临的特殊挑战

一方面，推进科技领域的性别平等，在全球范围内往往都会遭遇上述障碍和挑战，且这些障碍之间会形成循环强化的关系。但另一方面，发展中国家科技领域的性别不平等现象比发达国家的情形要严峻得多。换言之，发展中国家的性别议题和发达国家的性别议题存在巨大的差异。对于发展中国家而言，要切实促进女性参与科技，尤其是在绿色发展的观念主导之下，推进更多的女性进入新兴的绿色技术领域，要求它们在发展理念和性别观念上有巨大的转变，甚至开展深入的政治经济体制改革，这无疑是一种巨大的挑战。

首先，绿色发展之所以对发展中国家形成文化观念层面的特殊挑战，主要有两点原因。第一，虽然环境问题是全球性话题，绿色发展因此成为任何国家发展的必然之路；但是国际上在解决此问题方面取得的进展却不尽如人意，其中的一个关键问题在于发达国家与发展中国家之间的环境公平问题。例如，发达国家在向发展中国家转移污染的同时却强调发展中国家的环保义务；甚至以环境保护为借口制造种种绿色贸易壁垒，打击发展中国家的经济。这些情况实际上对发展中国家绿色发展观念和战略的形成造成现实的障碍。第二，在某种程度上，发展中国家普遍经济落后，资源有限，人口密度大，科技不发达，存在制度短板等，这些都将对其推进绿色发展造成障碍。与环境质量相比，工业化和高度发展经济对那些过着贫困生活的发展中国家更具有诱惑力。这些国家和地区往往既不期望迅速改变现存体制，也不太可能对未来可能发生的后果提前做出反应。

换言之，发展中国家在环境保护和促进绿色发展上面临的挑战和压力更大。一方面它们面临着与发达国家在环境问题上的博弈，争取到与发达国家平等对话的地位，在全球环境危机中承担合理的责任；另一方面也面临着如何积极转变政治管理体制和经济增长模式，在经济发展和环境保护方面做更充分的协调。

其次，科技领域的性别平等之所以对发展中国家形成更严峻的挑战，其中一个重要原因在于这些国家的政府议事日程中“性别平等”比“解决贫困”排序靠后。世界银行2012年的发展报告强调，性别平等本身是一个核心发展目标。注重性别平等是“聪明”的经济学，提高性别平等可以提高生产率，改善下一代的发展结果，同时也使得各种制度具有更广泛的代表性[6]。然而，发展中国家的现实却一再表明，“贫困”仍然是影响性别不平等的重要因素。以教育为例，中国的调查数据表明，贫困地区呈现出高的男童就学率、高的男童在学率以及高的女童辍学率；而对于成年人来说，女性的文盲率远远高于男性，女性的平均受教育年限远远低于男性，这限制了成年女性获得公平的参政机会及获得信息、技术等的机会，从而又使女性进入到由于教育水平低而陷入多方面的贫困状态[52]。从这个角度来看，实现科技领域的性别平等对发展中国家来说，要走的路远比发达国家的漫长得多。换言之，对于这些国家来说，解决性别问题首要是解决贫困问题，而在解决贫困问题的同时，它们往往却又忽略了其中的性别意涵。可见，世界银行的发展报告实质上也反映了这其中隐含的矛盾和冲突，否则也不会特别强调“性别平等”作为“发展”的关键要素。

从根本上看，“绿色”“贫困”和“性别平等”应该被看成是统一体的关系，任何一者没有做好，就不可能实现真正的发展。然而，对大多数的发展中国家而言，“发展”在很大程度上并不是一个综合概念，而往往直指“解决贫困”。也正因为这一点，这些国家往往存在片面追求GDP的现象，环境问题和性别问题被放在次要考虑的位置。也为此，他们在促进绿色发展和推进科技领域的性别平等方面遭遇的挑战和面临的任务要艰巨得多。

#5

国际社会的倡议和行动措施

国际社会在推动性别平等与绿色发展方面做出了卓有成效的贡献。分析国际社会在性别平等与绿色发展问题上的行动计划和相关政策，回顾和梳理国际组织及各国政府在推动性别平等与绿色发展所采取的积极有效措施，都有助于发展中国家制定切实有效的政策，并对 OWSD 未来的行动方向给予启发。

5.1 行动倡议和政策建议

随着世界形势的不断变换，我们所面临的问题也日趋复杂和多样化。当前，科技发展日新月异，绿色发展成为未来的发展主流，在此背景下，国际社会关注的焦点主要集中在两个方面：一是如何使两性平等地参与科学技术领域和创新系统；二是如何使女性更好地参与绿色经济的发展。各个国际组织所倡导的行动计划也是围绕着这两个问题展开。

5.1.1 联合国相关组织

联合国是当前性别与科学问题关注时间最久、最具有影响力的国际组织。早在 1992 年举行的里约地球峰会上，各成员国就促进两性平等达成共识：没有两性平等就不可能实现可持续发展。于同年 7 月发表的《里约环境与发展宣言》(*Rio Declaration*) 中，明确了性别平等和女性赋权对于可持续发展的意义；1995 年 9 月第四次世界妇女大会上签署的《北京宣言和行动纲领》(*Beijing Declaration and Platform for Action*) 再次确定了两性平等和女性赋权与可持续发展的关系。

同年，联合国科学和技术促进发展委员会（UNCSTD）性别工作组（Gender Working Group，GWG）的研究发现，国家层面的科技项目存在“性别鸿沟”。性别工作组研究了发展中国家科技进步对男性和女性的影响，重点关注了环境、健康、能源、农业、教育、信息、雇佣、中小型企业及本土知识这几个方面。得出了两个主要的结论：①女性在获得科学教育和追求科技事业的道路上会遇到明显的障碍；②科技的变化使男性更多的受益，主要是由于科技政策和项目没有清楚地认识到发展的性别要求。

性别工作组建议了七个方面的“变革计划”，以支持政府开发合适的政策和项目，这七个方面的“变革计划”包括：

（1）科学和技术教育的性别平等；

（2）为科学和技术职业中的性别不平等提供解决措施；

（3）使科学满足社会需求：性别维度；

（4）使科学和技术的决策过程更有“性别意识”；

（5）与“地方知识系统”紧密结合；

（6）强调科学和技术中的种族问题：性别维度；

（7）更好地为政策制定者收集性别统计数据。

到 2006 年，又新纳入以下一条：

（8）两性平等地进入和参与科学、技术、工程、数学学科领域和创新系统。

直到今天，联合国科学技术发展委员会性别工作组提出的这八个方面的“变革计划”仍具有很强的指导意义，为世界很多国际组织和主权国家制定性别平等相关政策和项目提供了行动准则。例如，联合国工业发展组织（UNIDO）即参照上述“变革计划”，致力于工业领域中的性别平等和女性赋权（框 5-1）。

框 5-1 联合国工业发展组织性别平等与女性赋权政策

联合国工业发展组织一直关注工业领域中的性别平等和女性赋权问题。它认为，性别平等和女性赋权对于经济可持续增长和持续的工业发展具有显著的促进作用。它所制定的性别平等与女性赋权政策成为其后续行动总的指导方针。

（1）确保在联合国工业发展组织的所有项目、政策和组织实践中纳入性别视角；

（2）推进性别平等和女性赋权的总体目标，尤其是在经济上给女性赋权；

（3）汲取联合国系统中丰富的经验和专业知识，推进关于性别平等的国际目标；

（4）加速推进组织内实现性别平衡的进程，尤其是决策层中实现性别平衡。

资料来源：Gender equality and the empowerment of women. http://www.unido.org/gender.html。

2006年，性别咨询委员会①（Gender Advisory Board，GAB）在巴黎联合国教科文组织（UNESCO）召开会议，评价了过去10年该组织性别工作取得的进展，以及“北京+10”国际性别与科技发展运动状况。同时发布的一份会议报告《为可持续发展的性别、科学和技术：未来十年展望》（*GAB Meeting Report: Gender, Science and Technology for Sustainable Development: Looking Ahead to the next 10 year*）中，提议GAB未来的行动计划重点有：收集和分析性别数据；为各国取得的成就设计一个评分板，记录其进展、计划、障碍和遇到的挑战；认定“最好的实践”并加以推广；等等[47]。

随着联合国科学技术发展委员会性别咨询委员会将“两性平等地

① 1996年，性别咨询委员会由联合国科学和技术促进发展委员会性别工作组提议成立。

进入和参与科学、技术、工程、数学学科领域和创新系统”纳入“变革计划”中，国际社会越来越重视女性参与科学、技术和创新的问题。例如，联合国贸易与发展委员会（United Nations Conference on Trade and Development，UNCTAD）于2011年发布报告《在科学、技术和创新中纳入性别视角》（*Applying a Gender Lens to Science, Technology and Innovation*）。该报告建议在科技、创新政策制定过程中运用“性别透镜”，支持女性在关键领域（如农业、水、能源和交通）的参与[53]（框5-2）。

框5-2 《在科学、技术和创新中纳入性别视角》（2011）政策建议

（1）在国家层面

①在国家的STI① 政策中纳入性别维度，并将STI政策与食品、农业、水、能源、基础设施和产业方面的政策相联系；

②对所有与STI相关的政策都进行影响评价，确保这些政策使男性和女性平等受益；

③提高女性在各个层面上的决策（包括一些临时措施）的参与度，支持那些为女性组织和合作提供有利环境的政策、机制；

④通过适当的经济和政策措施支持、推广成功的模式、方法，关注多方合作，鼓励私营机构和民生发展，确保行动的可持续性；

⑤保证女性平等地获取资源、教育、金融服务、土地和市场的权力，这些都是支持女性从事STI及性别相关活动的组成部分；

⑥通过适当的信息、教育、培训和技术支持系统，在地方层面增强妇女和女孩的能力建立。

（2）在国际层面

①识别和传播案例，并为政策制定者和决策者提供可行建议；

① 科学、技术和创新（Science, Technology and Innovation, STI）。

②与政府合作，鼓励其 STI 政策中实现性别主流化；

③促进和分享那些在 STI 政策和项目中纳入性别视角的好的案例，加以推广；

④鼓励国际间和国家的研究机构、大学、非政府组织、政府机关和私营部门发展合作关系，在性别问题上进行合作，并鼓励女性生产者、科学家、创新者参与 STI 发展；

⑤支持性别分析方面的人员培训以制定性别平等的政策、项目和影响评价，包括收集性别隔离相关信息的技能，并能对这些数据进行分析，同时监测相关政策和项目的实施。

资料来源：UNCTAD. 2011. Applying a gender lens to science, technology and innovation。

2008 年 9 月下旬百年一遇的全球性金融危机爆发后，发达国家及不少发展中国家纷纷制定和推行绿色发展规划，试图通过绿色经济 / 绿色新政，在新一轮经济发展进程中促进经济转型，实现自身的可持续发展。在此背景下，2011 年 3 月，联合国妇女地位委员会召集专家小组再次审视“性别平等与可持续发展”这一议题，尤其关注女性在环境问题、绿色经济发展中的重要作用。会议建议：确保在关于环境问题的各项国际公约中纳入性别平等以及女性赋权和充分参与的问题；查明哪些机会可使女性把绿色行动变成赚钱的商业机会，并汇编全球可以模仿和扩大规模的良好做法；评估女性参与绿色经济的情况；增加女科学家在保护和记录生物多样性方面的参与，等等[43]（框 5-3）。

框 5-3　联合国妇女地位委员会专家会议提议（2011 年 3 月）

（提议提交至 2012 年联合国可持续发展大会“里约 +20”）

（1）确保女性有效参与联合国可持续发展大会会前的筹备过程。

（2）促进政府、民间团体和私营部门共同参与对话，讨论如何拟订和实施可持续发展方面促进性别平等的政策和预算框架。

（3）确保在关于环境问题的各项国际公约中纳入两性平等以及女性赋权和充分参与的问题。

（4）任命一名能源权利特别报告员。

（5）查明哪些机会可以使女性把绿色行动变成赚钱的商业机会，并汇编全球可以模仿和扩大规模的良好做法。

（6）评估女性在可持续发展、消灭贫穷的背景下的机会和参与绿色经济的情况。

（7）在保护和记录生物多样性、促使全球了解负责任的消费对实现可持续发展的作用方面，加强国际合作并增加女科学家的参与。

资料来源：http://www.refworld.org/cgi-bin/texis/vtx/rwmain/opendoc-pdf.pdf?reldoc =y&docid=50a0ca552。

2012 年 6 月举行的联合国可持续发展大会（里约 +20）再次引起了世界的广泛关注，来自各国的近 10 位女性国家元首和政府首脑在“里约 +20”峰会共同发出呼吁，要求将性别平等和增强女性权能纳入所有可持续发展的框架[54]。此次会议取得了重要成果，世界各国领导人通过的成果文件[55]承认女性的领导作用以及性别平等和女性赋权对于实现经济发展、社会发展、环境保护的中心地位。成果文件再次承诺实施《北京行动纲要》和国际人口与发展会议《行动纲领》，不仅在性别平等和女性赋权方面如此，而且作为可持续发展规范性框架的关键组成部分来实施[55]。

5.1.2 其他国际组织

除联合国外，一些其他国际组织同样开始关注性别平等对于实现绿色发展 / 可持续发展的重要性，并制定了相关行动计划和政策建议。例如，企业发展捐赠委员会（the Donor Committee for Enterprise Development, DCED）于 2012 年发布了报告《女性参与绿色发展——潜力是否充分发挥？》（*Women's Participation in Green Growth—A Potential Fully Realised?*）。该报告系统分析了女性参与绿色经济 / 绿色增长的影响因素，如绿色教育 / 技能培养不足、女性获取生产资料的障碍等，在此基础上探讨了可能的解决方案，并分别针对国际发展机构 / 组织、政府和政策制定者、私营部门、研究机构和科学院及民众提出了相关建议[56]（框 5-4）。

框 5-4 《绿色增长中的女性参与——潜力是否充分发挥？》（2012）政策建议

（1）国际发展机构 / 组织

①政策支持

• 进一步扩大和丰富国际间的政治对话，开展包容性的研究；

• 支持促进女性参与绿色经济发展的创新战略、新立法和政策；

• 支持性别数据收集；

• 支持性别敏感的绿色增长政策。

②能力建设

• 支持政府能力建设（如性别数据收集及分析；成立专门委员会；国别机构；性别敏感的规划及预算等、政策性别评价）；

• 为女性绿色创业者、雇员等提供培训和咨询服务；

• 对改革计划、相关法律、政策、项目进行性别影响监测和评价；

• 增强绿色增长领域相关技能（如政策设计、法律制定过程、绿色商业发展等）。

③私营部门发展（Private sector development，PSD）

• 共提出六条具体建议（如建立女性绿色发展的网络平台、促进环境和社会标准的建立等）。

④消费

• 确保绿色产品和设备的可获得性（促进绿色技术从发达国家到发展中国家的转移）；

• 促进可持续的消费模式。

（2）政府和政策制定者

①政策和法律

• 在国际、国家的政策和项目中纳入性别主流化的视角；

• 推动女性绿色技能发展并提供工作机会；

· 修改规则和法律框架消除性别歧视（如平等获取生产资料）；

· 评价和监测立法的性别影响；

②能力建设

· 培育新绿色技术运用，传播措施和经验，尤其针对新兴发展中国家；

· 在教育项目中为两性提供平等的机遇；

· 支持女性在绿色劳动力市场中相关技能的发展；

· 使女性在绿色经济转变过程中尽可能的获得工作机会，如提供相关技能培训。

③劳动力市场

· 收集、分析和发布在劳动力市场中的性别隔离数据；

· 传播绿色职业中的性别信息，并告知如何参与；

· 提供充足的家庭友好服务措施，如育儿设施等。

④商业环境

· 促进绿色创新，支持发达国家、发展中国家及新兴国家之间的知识转移；

· 为女性创造平等的机会，消除法律、行政和金融上的障碍，使女性能够获取生产资料、服务和市场；

· 促进环境友好和性别敏感的社会生产标准、环境管理等；

· 支持新绿色生产的研究和开发；

⑤消费

· 基于女性消费偏好，推动可持续消费，如通过征税、免税等；

· 促使绿色设备、绿色技术和绿色消费品在商业和政府部门的运用，如通过规制和减税等。

资料来源：The Donor Committee for Enterprise Development (DCED). 2012. Women's Particip-ation in Green Growth—— A Potential Fully Realised?

5.1.3 行动计划的目标

通过以上对国际社会行动倡议的分析，可以看到这些行动计划和政策建议具有一致的最终目标——消除性别鸿沟、为女性赋权，使女性能够更好地参与未来世界发展。本书的主题为“推动发展中国家女性更好地参与新兴技术领域发展，包括信息技术、新能源技术、生物技术和环保技术领域，以实现绿色发展"，在本质上也具有相同的最终目标。

5.2 行动措施

5.2.1 将社会性别主流化纳入国家政策和项目中

越来越多的研究认识到必须系统性地考虑性别问题，在国家政策和项目中纳入性别主流化的视角。国际组织积极呼吁各国政府将性别维度纳入国家科技和创新政策中。2012 年，未来农业联盟发布的一份题为 "*From Technology Transfer to Innovation Systems: Sustaining a Green Revolution in Africa*" 的政策报告强调，非洲的 "绿色革命" 需要通过 "创新系统" 来实现，而 "农业创新系统" 中必须纳入性别视角，给予农业领域女性特别的关注[57]。

巴西、中国、加纳、印度、韩国、卢旺达和南非是将性别意识纳入国家 STI 系统中的少数几个国家。一些国家已制定相关法案、通过具体的行动计划保证女性公平参与国家 STI 系统[53]。例如，韩国在 2003 年通过了培育和支持女科技人员的法案，并开展了一项名为 "Women's Information" 项目，支持女性参与所有科技和创新部门。通过这些系统的措施，目标是将国家科研机构女性比例增加到 30%[58]。印度科技政策中明确规定其目标之一是 "保证女性公平公正地参与科技活动"（Department of Science and Technology，India，2003）。卢旺达对其科研机构进行改革以确保 "女性能够充分参与科技发展和管理"[53]（框 5-5）。

5.2.2 构建性别平等的文化模式

制定女性友好、包容的职场环境能够培育出性别平等的文化。2006 年 6 月，国际科学院委员会（IAC）发表题为《妇女与科学》报告，呼吁各国科学院和工程院采用“最佳管理方式”，在机构内形成包容的文化氛围。具体行动措施包括：雇佣、晋升以及奖励的条件必须明示。女性必须参与网络，不再孤立。内部决策圈逐渐通过吸引和培训女性担任领导人得以扩大。女性和男性雇员应该得到健康的工作和家庭之间的平衡。报告认为，大学和科研机构是变革力量的一部分，可以起到模范作用，从而带动整个社会形成良好的性别平等的文化[59]。

一些发达国家的政府在营造更为包容的职场环境方面已作出了表率。例如，美国国家科学基金会（NSF）于2001年正式启动的“提升女性参与和发展学术事业能力计划”（ADVANCE计划）通过项目支持的方式，对高校和科研机构提供资助，以鼓励和促进高校和科研机构进行“制度转型”，创造适合女性职业发展的制度环境（框5-6）。ADVANCE计划资助机构的“制度转型”项目取得了显著的成效。以美国佐治亚理工学院为例，在项目执行期（2001～2006年），该学院具有高级职称的女性职员

框5-5　将性别平等纳入国家政策和战略——卢旺达

卢旺达将性别平等纳入其国家政策和战略中，包括ICT[①]政策。卢旺达在经济发展和扶贫战略中纳入了性别平等，这影响了其他国家的政策和发展框架。由性别监督小组开发的“性别主流化检视”清单是实现预算分配关键计划和活动的第一步。

性别预算是卢旺达政府为在资源分配中实现性别平等而制定的国家性别政策战略之一。与联合国妇女发展基金（妇发基金，现合并为联合国妇女署）的支持下，卢旺达国会女议员已接受社会性别影响预算的培训，能够确定优先领域，包括能力建设、开发倡导工具、建立性别分类监测和评价系统，以及和主要合作者建立合作关系。因此，国会女议员掌握了相关技能并将其运用于实践中，特别是运用于预算分析和审批中。为女性优先领域分配必要的预算，如科技和创新系统中的能力建设，可以帮助促进女性在科学与技术中的作用。

资料来源：UNCTAD. 2011. Applying a Gender Lens to Science, Technology and Innovation。

① Information Commanications Technology，简称ICT。

人数由2002年的42人上升至2006年的68人；获得终身教职的女教授数量由2002年的15人上升至2006年的33人，所占比例由5%上升至9%。

框 5-6　美国 ADVANCE 项目的机构改革奖

该计划在 2001～2009 年向 100 多个大学和科研机构投入了 1.35 亿美元，帮助他们为女性创造一个更加公平、有力的工作环境。具体措施包括提高机构决策中的透明度、进行分性别的统计和报告、在管理中纳入性别公平的视角、提供平衡工作-生活的帮助、为有家庭责任的人员提供特殊支持、建立正式和明确的督导制度、提供职业培训等。

资料来源：ADVANCE Institutional Transformation Grantee Two-Page Summaries.http:// www.nsf.gov/crssprgm/advance/advance_Two-Page_Summaries_2007.pdf。

同样，英国的“雅典娜项目”（ATHENA 项目）旨在通过机构改革，营造良好的、有利于女性发展的工作氛围，并取得了相当明显的效果（框 5-7）。

框 5-7　英国 ATHENA 项目促进科技研究部门性别平等

ATHENA 计划由英国科技办公室和英国高等教育资助理事会资助，最初的目的是促进英国的大学和科研院所中的女性科技工作者的职业发展，并增加科技领域高层中女性的数量。与英国的大学联合，该项目起草了“雅典娜指导手册”，详细列出了高校和科研机构如何营造良好的、有利于女性发展的工作氛围的具体措施。目前，ATHENA 项目仍在不断的完善中，包括提供培训和指导、建立交流的网络平台、设立针对女性的专项奖励基金等。

资料来源：http://www.athenaproject.org.uk/。

5.2.3　扫除科技教育领域的性别障碍

由于当前发展中国家教育中存在明显的专业和学科的性别隔离现象，女性接受专业技术训练的机会少，导致女性现有技术能力无法满足新兴技术领域的需求。因而采取积极有效的措施吸引女性选择科学和工程类专业，进而引导女性进入绿色新兴技术领域，显得尤为重要。联合国教科文组织的“非洲女孩的科学、技术和职业教育项目”即旨在支持非洲女孩平等地接受科学技术教育（框 5-8），取得了广泛、积极的影响。

框 5-8 联合国教科文组织的“非洲女孩的科学、技术和职业教育”项目

“非洲女孩的科学、技术和职业教育”是联合国教科文组织的一项专项项目。该项目与其他国际组织［如非洲妇女教育家论坛（FAWE）、性别与科学技术网络、发展中国家妇女科学组织（OWSD）］展开合作。

该项目鼓励课程、课本和教学方法的转变，使小学教育减少性别偏见、树立积极的角色模式，以帮助女孩们找到属于她们的位置。

该项目开始于 1997 年，项目伊始主要在 30 个非洲国家开展了为期四年的调查研究，以了解各级科学课程中女孩的参与水平以及女性参与科学职业的情况。参与的国家包括贝宁、博茨瓦纳、布基纳法索、布隆迪、喀麦隆、乍得、科特迪瓦、赤道几内亚、厄立特里亚、埃塞俄比亚、冈比亚、加纳、几内亚、肯尼亚、马达加斯加、马拉维、马里、毛里塔尼亚、莫桑比克、纳米比亚、尼日尔、尼日利亚、塞内加尔、南非、斯威士兰、多哥、乌干达、坦桑尼亚、赞比亚和津巴布韦。

基于这些国家层面的调查结果，开展了两次区域讨论会（1997 年 8 月的哈拉雷会议和 1997 年 9 月的阿比让会议），一些具体的行动计划在大多数国家开始实施。这些行动计划包括设计更加性别敏感的课程、教材和师资培训课程。该项目组还制定了一个关于健康和环境教育中性别问题科学教育的“联合国教科文组织配套方案库”。

资料来源：http://www.unesco.org/education/educprog/ste/pdf_files/girls/guidelin.pdf。

一些国家在吸引女孩选择科学技术类专业方面已经做出了很多努力，通常会采用相关的项目计划推进。例如，英国的 WISE（Women into

Science & Engineering）项目旨在吸引女孩进入科学工程领域。该项目已开展了近30年，在吸引女孩进入科学工程领域取得了巨大的成效，仅在1984～1989年，接受理工科教育的女生由7%上升至15%。WISE项目对促进优秀的女生进入科学工程领域起到了重要的作用，该项目的目标是到2020年使科技领域的女性雇员由当前的13%上升至30%（框5-9）。

框5-9 英国WISE项目

该项目由英国科技部支持，最初目标是为小学到大学的女生提供一个科学工程专业的友好氛围。2005年，这个项目转到教育和人力资源开发部下，有1个总部和9个地区性中心。2005年共获得资助约202万美元，比2004年增加了100万美元。每年参与项目的女生超过2万人。

该项目运作非常成功。评价认为，WISE计划通过实施友好氛围的科学教育和开发多样的项目，有助于引发女生对科技的兴趣并且参与科技职业。尤其是在线导师项目：女学生与科技女性间建立联系，不仅可以获得优秀科技女性的专业知识，还能够获知价值观。

资料来源：www.wisecampaign.org.uk。

韩国政府为吸引女生进入科技领域实施了一系列计划，相关项目由韩国教育部和科技部支持。例如，2001年开始实施的WISE项目主要包括“导师计划”，鼓励女生选择科学工程专业。同时实施的有WIE(Women in Engineering)计划，在工程类学校推行具有性别意识的教育体系。The WATCH21（Women’s Academy for Technology Changer in the 21st Century）项目为高中女生提供进入大学实验室体验的机会[58]。这些项目的实施取得了明显的效果，在2004～2008年，获得科学技术专业博士学位的女生比例由16.3%上升至20.8%。

5.2.4 设立专项支持基金

针对女性在科技领域的“管道渗漏”现象，很多国际组织和国家都设有专门针对女性的专项基金。例如，荷兰研究理事会（Dutch Research Council NOW）的Aspasia计划与大学合作，为女性提供资金支持，帮助较低职称的女性开展科研项目，通过项目评估的女性直接获得职称的晋升。Aspasia计划曾在五年中帮助146位女性获得高级职称，使荷兰拥有高级职称的女性比例获得显著增长。瑞士国家自然科学基金设立的玛丽·海姆项目（Marie Heim-Vogtlin Programme）明确规定，资助对象是由于家庭责任或配偶迁徙而中断或延迟了自身职业发展的女性。英国皇家工程学院为女性科技工作者提供了一项“重返基金”，专门提供给那些由于生育或照料家庭而中断科技事业的女性。

由于提供专项基金是一项最直接有效的支持女性参与绿色科技发展的方式，很多国际组织也采用了这种支持方式。比较典型的有非洲女性农业发展研究组织支持的“农业研究和发展中的非洲女性”（AWARD）项目，该项目支持那些有潜力的女科学家进行绿色农业方面的研究，并鼓励她们将这些农业技术传授给农村女性，帮助非洲农村女性消除贫困（框5-10）。

框5-10 “农业研究和发展中的非洲女性”项目

“研究和发展中的非洲女性”项目开始于2008年，是一项针对非洲顶尖女科学家职业发展而设立的项目。该项目通过设立有针对性的学术奖金，提升这些顶尖女科学家的研究和领导能力，以促进非洲农业的发展。

AWARD受资助人将获益于一个为期两年的职业发展项目。该项目关注于指导合作、科学技能培养和领导力开发。奖金的获得要经过严格的评选过程，评价标准主要基于学术价值、领导力以及该科学家的研究能够改善小农场主（尤其是女性）日常生活的可能性。

当前，已有来自11个国家（埃塞俄比亚、加纳、肯尼亚、利比亚、马拉维、莫桑比克、尼日利亚、卢旺达、坦桑尼亚、乌干达和赞比利亚）的320名非洲女科学家直接受益于AWARD项目。

AWARD为所有的成员提供一年的指导。导师是职业发展的强大助力，尤其是对于从事科学职业的女性。AWARD的导师均是拥有高级职位的专家，他们在重视非洲女科学家的机构文化建设方面发挥了关键作用。许多受资助者称，通过AWARD项目所获得的经验，他们成为了更好的领导者。

资料来源：http://www.awardfellowships.org/home.html。

5.2.5 设立绿色技术转移和培训项目

发展中国家要实现绿色发展，离不开广大基层女性的参与。将绿色技术（包括ICTs、生物技术、清洁能源技术等）通过技术转移和技能培训传递给广大的基层女性，使她们能够有机会进入到绿色发展的领域是至关重要的。因此，国际组织积极推动绿色技术的转移，包括国际间的转移和国家内部的转移转化。

一些国际组织和发展中国家政府已经在支持女性进入绿色发展领域做出了行动。由美国克林顿基金会支持的“太阳姐妹”（Solar Sister）项目通过培训非洲女性经济知识和小额融资出售太阳能用品，在推广清洁能源的同时也给当地女性提供了新的工作机会，进而有助于提升她们的经济地位和社会地位（框5-11）。孟加拉国政府开展了“Char Montaz可再生能源计划”，通过技术转移和技能培训的方式使女性掌握了分布式电池充电灯和家庭太阳能系统的使用，然后由这些女性成立创业型公司进一步去推广这些技术的实际运用。这项计划为女性的绿色创业提供了机会，并使绿色技术得到广泛推广。由于在支持基层女性掌握绿色发展技能和创业方面取得了良好的效果，该计划已经开始在其他地区推广。类似地，印度政府开展的一项支持女性生物技术企业发展的项目“Golden Jubilee Biotech Park for Women”，重点支持生物技术领域的女科学家，为生物技术领域的女性创业者提供配套的研发支持和金融支持等（框 5-12)。

框 5-11 “太阳姐妹”项目为非洲农村女性提供清洁能源

“太阳姐妹”是美国克林顿基金会支持的一项推动非洲女性参与新能源发展的项目。该项目主要聚焦于促进非洲地区利用太阳能技术。“太阳姐妹”为那些参与的女性提供了全站式服务，包括启动初期的库存清单、培训和融资服务等。借助于农村女性之间的关系网，建立起“雅芳”式的分布式销售网络，不仅为当地女性提供了工作机会，同时使这些新能源技术能够转移至最偏远的地区。

资料来源：https://www.solarsister.org/about。

框 5-12 促进印度生物技术的创新创业

“印度女性金禧生物科技园”是印度政府促进生物技术领域女性创业者发展宏观战略的一部分。该项目设立的目的是增加女科学家的机会，并通过支持女性生物技术企业家产品的开发和营销，利用科学改善女性的生活。

女性生物科技园是由生物技术部推出的一项三方行动。泰米尔纳德邦州政府和 M.S. Swaminathan 研究基金会提供了技术支持。此外，园区的管理机构包括来自研发机构和金融机构的代表以及女企业家代表。该倡议与银行机构、产业界、政府和其他团队共同协作，为科技园区提供信贷服务、技术支持、监管机构审批、其他相关审批和认证。同样建设了相关基础设施，如供电、通信、道路和交通设施。该科技园提供长期和短期租赁服务、用于建设工厂的土地、项目评估和支持、项目鉴定和技术采购、咨询、市场联动和培训。

资料来源：http://www.biospectrumindia.com/biospecindia/news/156186/the-biotech-park-women-it-s。

5.2.6 树立角色模式

已有实证研究认为，角色模式的存在对吸引女孩选择科技工作可以起到明显的作用[60]。有研究称，非洲女性进入科技领域最大的障碍之一是缺少可供模仿的角色模式[61]。因此，很多国家尤其重视女孩教育的初期，给她们塑造积极的女科学家形象，不仅通过教科书、媒体、网络等塑造可供女孩模仿的角色模式，而且会定期组织女科学家去校园宣讲。例如，美国杜克大学的“科学工程学中的女性”项目定期组织活动，邀请成功女科学家给学生做讲座，和女生一起交流女性事业发展的经验，鼓励更多女生建立事业的信念。美国国家科学院（NAS）和美国国家工程院（NAE）还分别开发了专门的网站 iwaswondering website 和 engineergirl website，宣传和介绍杰出女科学家和女工程师的事迹，为女孩解答科学上的疑问。

在促进女性参与绿色清洁能源发展方面，清洁能源部长级会议（Clean Energy Ministerial）倡导了一项名为“清洁能源教育和赋权”（Clean Energy Education & Empowerment，C3E）行动计划。该行动计划针对清洁能源领域女性比例较低、高层女性更是稀少的状况，号召参与国推选出清洁能源领域内来自学术界和企业界的杰出代表人物，这些杰出人物将承担起“role model”的角色，以激励更多的女性参与清洁能源领域发展（框 5-13）。

框 5-13　清洁能源教育和赋权计划（C3E）

在 2010 年国际清洁能源部长级会议上，由 30 名杰出人物、3 位能源部长和 8 个国家（美国、澳大利亚、丹麦、墨西哥、挪威、南非、瑞典、阿联酋、英国）政府共同倡导发起了一项名为“清洁能源教育和赋权”的行动计划。该项计划致力于推动清洁能源发展领域的性别多样性。C3E 参与国政府共同承诺推动本国女性更好地参与清洁能源发展，设立可学习的角色模式是各国政府普遍采取的一项措施。各国政府推选企业领袖和知名学者出任“C3E 大使”，他们担当着“role model”的角色，以激励更多的青年女性参与清洁能源发展。目前为止，美国、英国等 7 国政府已任命 46 位“C3E 大使”，650 余名女性成为 C3E 的成员。美国 C3E 项目执行的前三年，已有 20 名女性由于在清洁能源领域的杰出表现被授予“C3E 特别奖”。

资料来源：http://www.cleanenergyministerial.org/Our-Work/Initiatives/Women-in-Clean-Energy。

媒体在宣传成功的女性角色时扮演了重要角色，而且往往能引起良好的社会效应。例如，中国妇女报社主办的“中国经济女性年度人物”评选活动，每年评选出对中国经济发展起到重大推进作用的女性人物，通过各个媒体的宣传，在社会上引起了高度关注，为广大女性树立了成功的角色模式（框 5-14）。

框 5-14 “中国经济女性年度人物”评选

“中国经济女性年度人物”评选活动由中国妇女报社主办。中国经济女性年度人物榜主要评选对中国经济发展起到重大推进作用的女性人物。她们以科学发展观统领企业发展，大胆改革，勇于创新；她们用自己的科技发明、技术革新创造巨大经济效益和社会效益。

“中国经济女性年度人物”评选活动自 2003 年开始举办，每年一届。“中国经济女性年度人物”系列奖项共设三类：中国经济女性年度人物（10 名）；中国经济女性年度创新人物、发展人物、绿色人物、创业人物、公益人物（各 10 名）；中国优秀经济女性（若干名）。自 2003 年以来，报名参评、参会的经济女性已近 3000 多人次，已有近 400 名女性获奖。

历年举办的经济女性年度人物系列活动中，均有近百家全国性新闻媒体和地方媒体参与报道，在社会上引起了广泛关注，为女性创新创业、绿色研发等树立了成功的角色模式。

资料来源：http://www.chinanews.com/tp/2013/04-28/4776159.shtml。

5.2.7 提升女性在决策层的参与程度

女性在高级职位的缺乏不可避免地导致女性个人和集体的观点在政策制定过程中出现缺失，这样很可能会使对未来科研发展方向的判断产生偏差。针对这个问题，欧洲委员会从第五个框架计划开始，加入了“鼓励女性参与科学行动计划”。在框架计划指导下，为更好地促进成员国制定有关科技女性的政策，欧洲委员会于 2006 年 3 月在布鲁塞尔建立“欧洲女性科学家平台组织”(EPWS)，主要由框架计划六资助，目的在于在制定政策上可以更多地考虑到女性科学家的利益、需要、兴趣，并让女性科学家更多地活跃在欧洲的政策制定中，促进性别问题在欧洲被广泛接受和了解。同时，为了鼓励科技领域的女性进入决策层，欧洲委员会邀请专家成立“制定研究决策的女性”(WIRDEM) 独立专家组，回顾评价在成员国国家层面和机构层面激励女性进入公共研究高层的政策措施，从而为欧洲委员会及各国制定更有效的政策提供实践基础。

具体到实施层面，很多国家采用“席位或配额计划”，即规定某些职位需预留给女性，并规定了女性在科研项目和决策层的参与比例，来解决女性在科技领域决策层缺失的问题。例如，加拿大自然科学和工程研究委员会（NSERC）制定了女性在科学和工程中的席位计划，规定一些职位一定要专门留给女性，目的是增加女性对科学和工程的参与，并为打算在这些领域中就业的女性提供“样板”。日本也制定了一系列措施，日本科学委员会（The Science Council of Japan）将女博士后职位的比例增加到 20%，规定该委员会 3 位副主席中必须有一位是女性，并提出到 2020 年，日本各个领域（包括科技界决策高层）中女性比例达到 30% 的目标[62]。

5.3 发展中国家妇女科学组织的发展与实践

5.3.1 发展中国家妇女科学组织的发展目标

OWSD 的前身为第三世界妇女科学组织（TWOWS），是由加拿大国际开发署（Canadian International Development Agency，CIDA）和发展中国家科学院（The Academy of Sciences for the Developing World, TWAS）在 1988 年 10 月的里雅斯特会议的提议下，于 1989 年创建的。目前，OWSD 已经成为世界上规模最大的杰出女科学家团体，拥有来自 100 多个发展中国家的近 4000 名会员，秘书处设在意大利的里亚斯特。OWSD 的总体目标是提升发展中国家女性在科技领域的地位，以加强女性在国家科技发展中的作用，通过指导其高水平的科研活动以改善所在国家人民的生活水平，同时促进区域间和全球性的科技合作（框 5-15）。

框 5-15　OWSD 的发展目标

（1）提高发展中国家女性在科技研究、教学和决策方面的参与度；

（2）增加对发展中国家女性科技工作者科技成果的认可；

（3）增强发展中国家女性科技工作者之间及其与国际科学组织的合作和交流；

（4）使发展中国家女性更多地受益于科技发展；

（5）促进女性科技工作者更多地参与本国发展；

（6）进一步认识科技在支持女性发展活动中的作用。

到目前为至，OWSD 共召开了四次世界性大会。首届大会于 1993 年 1 月在埃及开罗举行，第二次大会于 1999 年 2 月在南非开普敦举行，第三次大会于 2005 年 11 月在印度班加罗尔举行。2010 年，应中国科学院的邀请，OWSD 第四次大会在中国北京召开，大会主题为“变化世界中的女科技工作者”，来自 55 个国家和地区的 700 多位中外学者参加了这一盛会，围绕“女科学家与前沿科学发展”“妇女与全球变化”“女性创业精神和领导能力”“全球科学领域的性别平等主流化”等议题展开讨论。同时，在此次大会上选举产生了 OWSD 新一届主席，并向来自中国、印度、尼日利亚、古巴等 10 个国家的 12 名杰出女科学家颁布了首届 OWSD 奖。

5.3.2 OWSD 的行动计划

围绕其发展目标，OWSD 重点围绕以下几个方面展开工作：奖励和支持发展中国家的杰出女科学家；为富有潜力的年轻女科学家提供教育和培训机会；构建全球合作网络，促进女性全面参与科学与技术的各个领域；促进女科学家在制定科学政策方面享有发言权，鼓励她们成为科技领域的领导人。OWSD 当前组织和参与了以下几项行动计划：

（1）研究生奖学金项目（OWSD Fellowship）

受到瑞典国际发展合作署（SIDA）的慷慨资助，第三世界妇女科学组织于 2005 年专门设立研究生培训奖学金，以资助来自撒哈拉以南非洲国家以及最不发达国家，并希望在居住国之外的发展中国家杰出科学研究中心学习的女学生，帮助她们攻读博士学位。该奖学金计划的总体目标是为了促进培养一批能在科学技术领域取得卓著成就的女科学家，并促使她们有效参与本国的科技发展事业。迄今，已有 340 余名青年女性接受了这项资助，约 200 名受助者已成功获得博士学位。这些受资助者的学科领域主要是生物学（Biology）、化学（Chemistry）和农业科学（Agriculture）。

（2）OWSD 青年女科学家奖

OWSD 青年女科学家奖（OWSD Awards）由爱思唯尔基金会（Elsevier Foundation）、发展中国家科学院和 OWSD 于 2010 年共同发起，为发展中国家处于职业发展早期的女科学家颁发奖励，目的在于凸显发展中国家女科学家杰出的科技贡献，并为广大青年女性树立成功的角色模式。OWSD 奖的学科范围主要包括生物科学、工程科学和自然科学，每年选择奖励的学科方向不同。

获得 OWSD Awards 奖对研究者是一项很高的荣誉。2010 年共有 10 名青年女科学家获得首届 OWSD 奖。2012 年后，OWSD 奖项每年从五大洲中分别仅遴选出一位获奖者：拉丁美洲及加勒比地区、东亚及东南亚及环太平洋地区、阿拉伯地区、中亚及南亚地区、撒哈拉以南非洲地区。

该奖项设立以来，对当地研究文化产生了很大的影响。获奖者声称该奖项产生了巨大的影响，提高了她们以往工作的显著度，并为她们未来的职业发展创造了新的机会。同时，获奖者成为青年女性的“role model”，极大地提高了她们克服不利环境继续科研事业的信心。

（3）OWSD networking

自成立起，OWSD 一直致力于构建国际合作网络，以使发展中国家女科学家之间建立起广泛的合作关系，共同推动女性更好地参与未来科技发展。OWSD 借助于组织专题研讨会、论坛以及建设网络平台等多种方式扩大其影响力。当前，OWSD 已在 13 个发展中国家建立了分支机构，注册成员已近 4000 人，她们大多来自于非洲、阿拉伯、亚洲及环太平洋地区、拉丁美洲及加里比亚地区的 100 多个发展中国家。

在与发展中国家相关机构建立合作网络的同时，OWSD 也非常重视与发达国家相关机构建立起密切的合作关系。通过 OWSD 多年的努力，一些发达国家的科研机构开始给 OWSD PHD 奖学金的获得者提供短期访学机会，为这些青年女性提供了国际交流学习和合作的机会。未来，OWSD 将继续致力于寻求更多的发达国家合作机构，为发展中国家青年女性提供更好的国际交流学习机会。

（4）女性参与科技创新项目（GenderInSITE Campaign）

2010 年，受瑞典国际发展合作部（SIDA）的资助，由 OWSD、TWAS 和 GAB 共同发起了一项名为“GenderInSITE”的项目。该项目旨在通过发起一项国际运动，引起世界范围内的决策者对于“性别平等与科技创新”这一问题的足够重视，并推动女性在科学、创新、技术和工程领域的充分参与。

GenderInSITE 通过专题研讨会、数据收集和调查，出版研究报告，有针对性的媒体报道，倡导女性充分参与到科学研究、设计和运用的各个层面，并保证女性成为新兴技术的使用者和受益者。通过研究者和政策制定者构建的合作网络，GenderInSITE 参与人员首先明确当地发展所遇到的障碍，然后使人们意识到这些障碍，并提供解决方案或资源。当前，GenderInSITE 已经在阿根廷、肯尼亚、南非建立了区域办公室，并将扩展到亚洲和阿拉伯地区。

5.3.3 OWSD 的国际合作与号召力

经过 25 年的发展，OWSD 与多个国际组织建立起了密切的合作关系，在推动女性参与科技发展合作中发挥了积极作用，赢得了国际社会的广泛关注。OWSD 执委会成员来自全球 9 个国家和地区，均为国际知名女科学家。OWSD 开展的许多项目都受到 TWAS 和 UNESCO 的大力支持。瑞典国际发展合作部一直为 OWSD 奖学金项目提供全额资助。OWSD 与 TWAS 及世界上最大的非盈利性国际科技组织——美国科学进步协会（AAAS）合作，评选出每年的 OWSD 青年女科学家奖获得者，而爱思唯尔基金会则为 OWSD 青年女科学家奖提供资助。

OWSD 已具有了很强的国际号召力。目前，OWSD 与国际理论物理中心（ICTP）、国际科学院组织（IAP）、国际医学科学院组织（IAMP）等发起了合作项目，借助于这些国际组织平台，使得 OWSD 的相关工作得以有效展开。未来，OWSD 将继续加强与 TWAS、SIDA、UNESCO、IAP 等国际组织的密切合作，提高 OWSD 在国际上的影响力。

#6

促进转变的政策制度和行动倡议

6.1 推动社会性别主流化，促进科技女性参与绿色发展进程

在科研和技术开发领域中都存在女性比例偏低的现象，远不能适应绿色发展的性别平衡需求。绿色发展尤其需要女性的参与，对相关政策的需求也更强烈和紧迫，科技领域内的性别政策需要新的模式。国际组织和学术团体有责任倡议各国政府决策层充分认识女性对于绿色发展的重要作用，引导政界、学术界和企业界高层充分接纳女性成员。

（1）在科技政策和创新政策中纳入性别维度

建议修改现有法律条文和政府文件以消除性别歧视，保证女性平等地获取资源、教育、金融服务、土地和市场的权力等，通过提高性别意识和平等意识来促进科学卓越。制定特定的政策措施，解决科学家和研究人员在工作与生活平衡上存在的性别鸿沟，包括双重生涯和流动的问题，鼓励女性积极参与科技创新工作。

（2）建立政策评价的性别视角

建议各发展中国家建成从性别数据收集，到性别数据分析，再到性别视角引入政策过程的决策支持机制。对所有与 STI 相关的政策都进行影响评价，确保这些政策使男性和女性平等受益。

（3）增加女性在决策层中的参与力度

建议各国政府明确设定各级决策部门女性的参与比例。科研机构和高校应规定其高层领导职务、学术委员会、科研项目中女性的最低参与比

例，并设定预期目标。科技企业应规定其董事会中女性成员的参与比例，贯彻在同等条件下女性优先的原则，以解决决策高层女性缺失的问题。

6.2 推进机制改革，提升支持女性参与绿色发展的效率

有效实现女性参与绿色发展的目标，需要从系统的视角考虑机制的变革，采取特别的支持计划和系统有效的推进方案，以提升政策的实施效率。具体而言，建议实现以下两个方向性的转变。

（1）从支持“个体”向支持“机构”转变

增加机构层面的性别平衡责任，可以带动更多女性参与科技。建议政府机构和基金组织侧重支持学术机构而不是个人，为女性参与科技营造了更适宜、更具包容性的工作环境。良好支持政策的落实，既可以提高基层部门对性别平等的认识，增加科技领域女性就业机会，又能扩大女性科技人才示范范围，增加女性科技人才储备。

（2）从支持“单个项目”向支持“体系建设”转变

促进性别平等本身是一项系统工程，需要考虑支持体系的系统性和有效性。建议由政府机构和妇女组织联合发布包括基础教育、就业、职业培训、科技人才、科技管理及重大政策咨询、专门科研政策、特殊激励政策、统计评估和社会文化九方面内容在内的行动计划，以系统推进制度体系建设。

6.3 培育女性能力，提升女性在绿色发展中的参与水平

女性参与绿色科技的前提是具备一定的科技知识和工作技能，而传统科技对女性的隔离在新兴技术领域有被复制的可能，因此女性需要得

到更多绿色科技教育、技能培训和就业指导。

（1）培养女性领导力

建议各国设立专门针对女性领导力培养的项目，为年轻女性进入政界、学术界和企业界高层提供具体的指导和建议，如支持女学生和成功的高层次女性建立起“一对一”的指导关系、在科研机构和高校组织女性领导力培训课程等。

（2）提供绿色科技教育

建议在初、中级学校开设专门面向女生的绿色科技课程，并设立奖学金。政府部门、科技组织和高校设立面向女性劳动力或女生的绿色科技教育公益项目，为女性提供认识、了解绿色科技的机会并提供科技知识储备。

（3）提供绿色科技专业技能培训

由政府的科技部、女性部和人力资源部在各地设立“绿色科技专业技能培训机构”，为初次就业、职业中断或在岗的对绿色科技职业感兴趣的女性提供适宜的绿色科技专业技能培训，帮助其在绿色经济转变过程中尽可能多地获得工作和发展机会。

6.4 加强发达国家与发展中国家互动，促进共同发展

实现绿色发展的目标需要全球各国在人口、资源、环境、经济方面互相协作，尤其强调发达国家和发展中国家间的合作与共赢，重视并促进女性在这一发展过程中的作用将是各国面临的共同问题，因此应该在全球范围内寻求解决方案，促进发达国家与发展中国家在技术与人才方面的流动。

（1）技术转移

促进绿色技术和绿色创新从发达国家向发展中国家和新兴国家转

移，以确保绿色产品和设备的可获得性。由于绿色发展具有全球性的影响，国际组织应在全球范围内协助建立国际化的研发合作项目，促进知识产权制度国际化方面的改革，建立绿色技术知识共享平台，促进相关技术发展的交流与合作。例如，确保主要的绿色技术进行强制性许可，或者限制专利保护的时限，使各个国家可以便捷的利用现有技术知识进行绿色技术创新，在绿色发展方面发挥更大的作用。

（2）技术学习

国际组织和各国政府应积极推动绿色技术相关领域内人力资源的国际交流与培训，促进女性掌握绿色技能并拓展该领域内的工作机会，以发挥女性在绿色发展中的重要作用。首先，设立专项基金或者项目支持绿色技术领域的女性科技工作者到技术领先国家接受教育与培训，并促使其加入绿色技术领域内的国际合作研发项目。其次，确保女性持续接受绿色技能方面的在职培训，使女性职业生涯具有良好的延续性，并拓展女性的就业范围。最后，各国政府在引进掌握绿色技术的女性科技工作者时，应重视解决家庭的整体迁移问题。

（3）研发交流

建议设立国际专职组织机构，促进和服务于女性科学家的交流，使女性在绿色发展中发挥更大作用。鼓励女科学家们在政策制定中有组织地发出声音，在研发活动、人才培养和创新创业中发挥更积极的作用，为下一代年轻女性树立榜样。

6.5 OWSD 未来行动重点

OWSD 有责任鼓励女性科学将机会均等带进各自国家的绿色发展进程，促进发展中国家女性更好地参与绿色发展。鉴于此，建议 OWSD

未来的行动重点应包括以下几个方面：

（1）成立“Women in STI”专门小组

建议在 OWSD 现有组织框架下成立“科技创新中的女性”（Women in STI）专门小组，主要职能如下：①将历年 OWSD 奖项获得者的成功经验整理成册，为女孩树立可供模仿的“role model”；②开展“性别与科技”的专题研究，如对各国在推动女性参与绿色科技发展的最佳实践进行专题研究，对“绿色发展与女性”这一议题进行长期跟踪研究；③充分发挥媒体的引导作用，通过电视、网络、杂志等途径塑造男女平等、健康向上的性别意识，凸显女性科技人员在绿色发展方面的杰出贡献与引领作用。

（2）倡导“绿色发展中的下一代”（Next Generation in Green Development）行动计划

建议 OWSD 继续加强对发展中国家女孩科学教育的支持，重点对发展中国家儿童和青少年进行环境保护、生态友好技术的宣传和教育，提高下一代的环境保护意识。

（3）加强与各国妇女组织的网络联系

建议 OWSD 继续加强与各国妇女组织建立网络联系，推动各国政府与 OWSD 密切合作，可以考虑与各国政府建立“女性与绿色发展”专项合作基金，鼓励发展中国家女性科技人员从事信息技术、新能源技术、生物技术、环保技术等绿色科技的交流和合作。

主要参考文献

[1]World Bank. Inclusive green growth：The pathway to sustainable development. Washington：2012.

[2]UNIDO. Green growth：From labour to resource productivity，Best practice examples，initiatives and policy options. French Development Agency，2013.

[3]OECD. Putting green growth at the heart of development，summary for policymakers，2013.

[4]OECD. Towards green growth. http：//www.oecd.org/greengrowth/48012345.pdf，2011.

[5]UNEP. Green economy report：A preview. http：//www.unep.ch/etb/publications/ Green%20Economy/GER%20Preview%20v2.0.pdf，2010.

[6]World Bank. World development report 2012：Gender equality and development. Washington. 2012.

[7]OECD. Inclusive green growth：For the future we want. http：//www.oecd.org/greengrowth/Rio+20%20brochure%20FINAL%20ENGLISH%20web%202.pdf.2012.

[8]Pitt M M，Rosenzweig M R，Hassan N. Human capital investment and the gender division of labor in a brawn-based economy. The American Economic Review，2012，102(7)：3531-3560.

[9]Deakin R. Women and computing：The golden opportunity. London：Macmillan Publishing Co.，1984.

[10] 美国劳工部 .Tech firms now hiring more women than men. http：//money.cnn.com/2013/11/19/news/economy/ women-tech-jobs/index.html?iid=HP_LN[2013-11-19].

[11]Woodfield R.Woman and Information Systems Development：Not just a pretty (inter) face? Information Technology and People，2002，15(2)：119-138.

[12]Black S E，Spitz-Oener A. Explaining women's success：Technological change and the skill content of women's work. The Review of Economics and Statistics，2010，92(1)：187-194..

[13]Rendall M. Brain versus brawn：The realization of women's comparative advantage. Working paper. Institute for Empirical Research in Economics. University of Zuich，2010.

[14]Rendall M. Structural change in developing countries：Has it decreased gender inequality? World Development，2013，45：1-16.

[15]Sustain Labour. Green jobs and women workers：employment，equity，equality. Draft Report for SustainLabour/International Trade Union Confederation (ITUC). http：//www.sustainlabour.org/IMG/pdf/women.en.pdf，2009.

[16]Alvarez G，Teresa M，Varla-Candamio L，et al. Renewable energy，electricity market and employment：The case of spain. Regional and Sectoral Economic Studies，2013，13(1)：131-142.

[17] 国家林业局 . 全国“三八绿色工程”活动情况简介 . http：//www.forestry.gov.cn/portal/main/s/402/content-273073.html[2006-12-28].

[18]United Nations. Final report on the 49th session of the Commission on the Status of Women. New York. www. un.org. 2005.

[19]Weeks J R. The face of women entrepreneurs：What we know today. Women Entrepreneurs in SMEs，2001：127.

[20] 中文互联网数据咨询中心 . 淘宝数据：2012 年 7 月淘宝网女掌柜占 49%. http：//www.199it.com/archives/61145.html[2012-08-04].

[21]National Science Board. Science and engineering indicators. http：//www.nsf.gov/statistics/seind14/content/chapter-3/chapter-3.pdf，2014.

[22]Kaygusuz K. Energy services and energy poverty for sustainable rural development. Renewable& Sustainable Energy Reviews. 2011，15(2)：936-947.

[23]Dedeolu S. Women workers in turkey：Global industrial production in istanbul. London：Tauris Academic Studies，2008.

[24]Haddad T. Men's contribution to family work：A re-examination of "time availability" . International Journal of Sociology of the Family，1994，24(1)：87-111.

[25]McLanahan S，Lynne C. Growing diversity and inequality in the American family. p. 1-46 //State of the Union：American in the 1990s. Vol.2，Social Trends，edited by Reynolds Farley. Russell Sage，1995.

[26]Bianchi S M，Milkie M A，Sayer L C，et al. Is anyone doing the housework? Trends in the gender division of household labor. Social forces，2000，79(1)：191-228.

[27] 第三期中国妇女社会地位调查课题组 . 第三期中国妇女社会地位调查主要数据报告 . 妇女研究论丛，2011，108：5-15.

[28]Borneman A M. Proud to send those parachutes off central utah's rosies during World War II. Logan：Utah State University Press，2009.

[29]Coverman S. Explaining husbands' participation in domestic labor. The Sociological Quarterly，1985，26(1)：81-97.

[30]England P，Farkas G. Households，employment，and gender：A social，economic，and demographic view. New York：Aldine Publishing Co，1986.

[31]Greenstein T N. Husbands' participation in domestic labor：Interactive effects of wives' and husbands' gender ideologies. Journal of Marriage and the Family，1996，58(3)：585-595.

[32]Brines J. Economic dependency，gender，and the division of labor at home，American Journal of Sociology，1994，100：652-688.

[33]Robinson J P，Milkie M A . Back to the basics：Trends in and role determinants of women's attitudes toward housework. Journal of Marriage and the Family，1998，60（1）：205-218.

[34]Gupta S. The effects of transitions in marital status on men's performance of housework，Journal of Marriage and the Family，1999，61(3)：700-711.

[35]Burch S，Irene L. Putting new technologies on the gender agenda. Networking for Change，2000：31.

[36]Jensen R，Oster E. The power of TV：Cable Television and Women's Status in India. Quarterly Journal of Economics，2009，124(3)：1057-1094.

[37]Reddy V R，Juha U，Dirk R F，et al. Achieving global environmental benefits through local development of clean energy? The Case of Small Hilly Hydel in India. Energy Policy，2006，34(18)：4069-4080.

[38]Kusago T，Barham B L. Preference heterogeneity，power，and intrahousehold decision-making in rural malaysia，World Development，2001，9(7)：1237-1256.

[39]Michael J S，Sayre K. The female economy. Harvard Business Review，2009.

[40]OECD. Environmental policy and household behaviour：Review of evidence in the areas of energy，food，transport，waste and water. Paris. 2008. http：//www.oecd.org/dataoecd/19/22/42183878.pdf，2008.

[41] 搜狐绿色频道，中华环保联合会 . 绿色调查：仅 11%消费者关心产品是否环保 . http：//green.sohu.com/20090508/n263844187.shtml[2009-05-08].

[42]Cesar C.Women talking charge to save the environment. http：//www.commondreams.orgviews01/0512-01.htm，2002.

[43] 黄志湘 . 女性发展激发绿色领导力 .WTO 经济导刊，2013（2）：65-67.

[44]Aitken R J，Hankin S M，Ross B. Emergnano：A review of completed and near completed environment，health and safety research on nanomaterials and nanotechnology.http://www.iom-support.co.uk/Portals/3/SN_Content/ Documents/ EMERGNANO_CB0409_Full.pdf，2009.

[45]Molfino F，Zucco F.Women in biotechnology：Creating interfaces，Springer，2008.

[46]Harris J. Applied ethics of human embryonic stem cells.Medicine and Philosophy，2002，23 (10)：6-10.

[47]Huyer S. Gender，science and technology for sustainable development：

Looking ahead to the next 10 years. Gender Advisory Board，UNCSTD，2006.

[48]Women’s Bureau，U.S.department of labor. Women in Nanotechnology. n.d. http：//www.uic.edu/orgs/win/images/WINpowerpoint[1].pdf.

[49]DCED.Women's participation in green growth–A potential fully realised?2012.

[50]Hill C，Corbett C，et al. Why so few? Women in science，technology，engineering，and mathematics，ERIC，2010.

[51]UNESCO.Institute for statistics.http://uis.unesco.org/.

[52] 徐辉 . 中国的性别不平等与贫困 . http：//www.chinadevelopmentbrief.org.cn/ news–12783.html[2015–12–17].

[53]United Nations Conference on Trade and Development(UNCTAD). Applying a gender lens to science.Technology and Innovation，2011.

[54] 联合国大会 . 执行《北京宣言和行动纲领》及大会第二十三届特别会议成果的后续行动中采取的措施和取得的进展秘书长报告 .http：//www.refworld.org/cgi–bin/texis/ vtx/rwmain/opendocpdf.pdf?reldoc–y&docid–50a0ca552. 2012.

[55]United Nations Conference on Sustainable Development. RIO+20. http：//www.uncsd2012.org/index.php?page=view&nr=1179&type=230&menu=38.

[56]DCED. Women’s participation in green growth—A potential fully realised? 2012.

[57]Comprehensive Africa Agriculture Development Programme (CAADP). From technology transfer to innovation systems：Sustaining a Green Revolution in Africa. Future Agricultures，2012.

[58]Lee K J B. Women in Science，engineering and technology (SET) in Korea：Improving retention and building capacity. International Journal of Gender，Science and Technology，2010，2(2)：235–248.

[59]InterAcademy Council(IAC). Women for Science—An advisory report. 2006.

[60]Lockwood P. “Someone like me can be successful”：do college

students need same-gender role models? Psychology of Women Quarterly，2006，30(1)：36-46.

[61]Oti-Boateng P.Promotion of women in science in Africa：UNESCO/ANSTI-Gender INSITE Partnership. AAAS meeting report，2014.

[62]Measures for Gender Equality. The third basic plan for gender equality. http：//www.gender.go.jp/english_contents/pr_act/pub/pamphlet/women-and-men12/pdf/2-3.pdf，2010.

其他参考资料

A Campaign to Promote Women in Science, Technology and Engineering (WISE). n.d. http：//www.wisecampaign.org.uk/

African Women in Agricultural Research and Development (AWARD). n.d. http：//www.awardfellowships.org/

All China Women's Federation. The 3rd Survey on Female Social Position All Over China, 2010.

Chairs for Women in Science and Engineering Program.http：//www.nserc-crsng.gc.ca/Professors-Professeurs/CFS-PCP/CWSE-CFSG_eng.asp

Department of Science and Technology. Science and Technology Policy. Government of India. Accessible at http：//dst.gov.in/stsysindia/stp2003.htm, 2003.

Duke University. n.d. http：//wise.pratt.duke.edu/

EngineerGirl. n.d. http：//www.engineergirl.org/

European Commission. http：//ec.europa.eu/research/science-society/index.cfm? fuseaction=public.topic&id=1281

European Community Program for Employment and Social Solidarity. Diversity and Innovation—a Business Opportunity for All, 2009.

European Platform of Women Scientists. n.d. http：//www.epws.org/

Gender equality and sustainable development (Moderator's summary). http：//www.un.org/womenwatch/daw/csw/csw55/panels/Panel4-E.pdf, 2011.

Government of the Republic of Rwanda. Policy on science, technology and innovation, Kigali, 2006.

Interactive Expert Panel. 2011. 55th session of the Commission on the Status of Women Emerging issues, trends and new approaches to issues affecting the situation of women or equality between women and men. "Gender equality and sustainable development" ISSUES

PAPER.http：//www.un.org/womenwatch/daw/csw/csw55/ panels/IssuesPaper-Panel4.pdf

International Network on Gender and Sustainable Energy. Bangladesh Increasing opportunities for women in renewable energy technology application. http：//www.energia.org/fileadmin/files/media/pubs/FINAL_Bangladesh.pdf

National Council for Research on Women. Sustainable Development. n.d. http：//www.ncrw.org/issues-expertise/148/Sustainable Development

NWO. n.d. http：//www.nwo.nl/en

State Forestry Administration of the People's Republic of China. Introduction to the Three Eight Green Project at China Forestry network. http：//www.forestry.gov.cn/ portal/main/s/402/content-273073.html，2006.

Stevens C. Are women the key to sustainable development? Sustainable Development Insights. http：//www.bu.edu/pardee/files/2010/04/UNsdkp003fsingle. Pdf，2010.

Swiss National Science Foundation(FNSNF). n.d. http：//www.snf.ch/en/funding/ careers/mhv-grants/Pages/default.aspx

UN Division for the Advancement of Women Department of Economic and Social Affairs. Women2000 and Beyond：Gender Equality and the Empowerment of Women through ICT，Gender Equality and Empowerment of Women Through ICT. http：//www.un.org/womenwatch/daw/public/w2000-09.05-ict-e.pdf，2005.

UN WOMEN. n.d. http：//www.unwomen.org/en

UNESCO (United Nationals Educational，Scientific and Culture Organization). Science Policy and Capacity-Building. n.d. http：//www.unesco.org/new/en/ natural-sciences/science-technology/sti-policy/gender-issues/

United Nations Entity for Gender Equality and the Empowerment of Women. Gender Equality and Sustainable Development. http：//www.unwomen.org/~/media/ headquarters/attachments/sections/library/publications/2014/unwomen_surveyreport_advance_16oct.pdf，2014.

Women’s Health Action. n.d. http：//www.womens-health.org.nz/why-stem-cell- research-is-a-women-s-issue.html

妇女地位委员会第五十五届会议．两性平等和可持续发展．http//www.un.org/womenwatch/daw/csw/csw55/panels/Panel4-C.pdf，2011.

附录

发展中国家妇女科学组织（OWSD）

发展中国家妇女科学组织（Organization for Women in Science for the Developing World, OWSD）是 TWAS 的附属机构，成立于 1993 年，是目前世界上规模最大的杰出女科学家团体，拥有来自 100 多个发展中国家的 3000 多名会员，秘书处设在意大利的里亚斯特。其宗旨包括奖励和支持发展中国家的杰出女科学家；为富有潜力的年轻女科学家提供教育和培训机会；促进女性全面参与科学与技术的各个领域；促进女科学家在制定科学政策方面享有发言权，鼓励她们成为科技领域的领导人。OWSD 首届大会于 1993 年 1 月在埃及开罗举行，第二次大会于 1999 年 2 月在南非开普敦举行，第三次大会于 2005 年 11 月在印度班加罗尔举行。2010 年，OWSD 第四次大会在中国北京召开，方新教授当选为该组织的第三任主席。

自成立以来，OWSD 在推动妇女参与科技发展合作中发挥了积极的作用，赢得了国际社会的广泛赞誉。OWSD 执委会成员来自全球 9 个国家和地区，均为国际知名女科学家。近年来，OWSD 与有关国际组织密切合作，举办了妇女与创新发展的国际研讨会；在瑞典国际发展部（SIDA）的大力支持下，每年为最不发达国家的女青年科技工作者提供 100 多名奖学金名额；在爱思唯尔基金会（Elsevier Foundation）的支持下，设立 OWSD 女科学家奖，旨在奖励那些在科学研究方面做出卓越贡献的女科学家。目前，OWSD 正在与相关国际组织开展妇女与创新发展项目，对于推动发展中国家女科技工作者间的交流与合作，提高发展中国家女科技工作者的地位均具有重要意义。

中国科学院（CAS）

中国科学院（Chinese Academy of Sciences，CAS），成立于1949年11月，是中国自然科学最高学术机构、科学技术最高咨询机构、自然科学与高技术综合研究发展中心，为我国科技进步、经济社会发展和国家安全做出了不可替代的重要贡献。

中国科学院长期致力于推动发展中国家科技交流合作。1983年，经国务院批准，中国科学院代表中国政府参与发展中国家科学院（TWAS）的全部活动。1986年TWAS在中国科学院设立TWAS北京办公室。近30年来，CAS与TWAS一直保持着密切关系，分别在1987年、2003年和2012年举办了第二届、第十四届和第二十三届TWAS院士大会。2010年6月，在北京举行了由CAS和OWSD、TWAS共同主办的OWSD第四届世界大会。